Diseño de moda

Arreglos y modificaciones de prendas de vestir

Editora: Eva Domingo

Publicado originalmente en francés por Éditions Eyrolles, con el título:
Les spécialités du modélisme de mode. La retouche des vêtements, de Teresa Gilewska.

© 2011 *by* Groupe Eyrolles, Paris, France
© 2013 de la versión española
    by Editorial El Drac, S.L.
    Marqués de Urquijo, 34. 28008 Madrid
    Tel.: 91 559 98 32. Fax: 91 541 02 35
    E-mail: info@editorialeldrac.com
    www.editorialeldrac.com

Diseño de cubierta: José María Alcoceba
Traducción: Ana María Aznar
Revisión técnica: Esperanza González

ISBN: 978-84-9874-324-1
Depósito legal: M-7.429-2013
Impreso en Artes Gráficas COFÁS
Impreso en España – *Printed in Spain*

Teresa Gilewska

Diseño de moda

Arreglos y modificaciones de prendas de vestir

Sumario

Introducción 5

Generalidades 7

Arreglos corrientes 21

Modificaciones 61

Índice de contenido 172

Otros títulos publicados 174

Introducción

Reparar o realizar una pequeña transformación en prendas ya confeccionadas no es difícil, siempre que se tenga conciencia del propio nivel de costura: ciertos arreglos requieren algo más que un simple dominio de las técnicas básicas, pero a veces bastan algunos consejos, unas propuestas de soluciones y unos esquemas muy claros para resolver las dudas y explicar la aplicación de ciertas técnicas.

Mi propósito es ofrecer unas informaciones muy detalladas, acompañadas de dibujos y fotografías, que ayuden a realizar la labor con facilidad y a lograr un buen resultado.

He reunido en este libro aquellas reparaciones, sencillas o más complejas, que los particulares y los talleres de arreglos se ven obligados a realizar con mayor frecuencia. Esta selección (cierres, mangas, jaretones…) se basa en una larga experiencia en el terreno de la costura y en el conocimiento de lo que suelen demandar los clientes.

Es un error pensar que un arreglo sencillo, como cambiar una cremallera, rehacer un bajo o sustituir un bolsillo agujereado, es un trabajo reservado a personas expertas o especializadas en arreglos. Realizar esas labores correctamente, incluso si no se ha cogido antes una aguja, es algo que requiere tan solo paciencia, voluntad… ¡y buenos consejos!

Algunos de los arreglos descritos en este libro son más difíciles de aplicar: por ejemplo, entallar una prenda, reducir el talle, cambiar un forro, etc. En esos casos, las informaciones están destinadas a quienes posean unos conocimientos sólidos en costura y patronaje.

Espero que todos encuentren aquí la solución al problema que se les plantee, por difícil que sea, y que este libro les ayude a arreglar las prendas y a obtener excelentes resultados.

Teresa Gilewska

Generalidades

Los arreglos son reparaciones que se realizan en una prenda ya confeccionada. Efectivamente, con el tiempo puede aparecer un pequeño defecto: el escote se da de sí por los lavados, se descose el bajo, se pierde un botón, etc. En la mayoría de los casos esos defectos se deben a unos cuidados de la prenda no adaptados a su tejido, a la mala calidad de este o a un problema de fabricación.

Los arreglos no exigen gran experiencia en costura, pero sí requieren paciencia y tiempo porque son labores minuciosas que deben realizarse con mucho cuidado.

Antes de empezar hay que estudiar atentamente la prenda, sobre todo el tejido, los hilos, las medidas, etc. También hay que prever con antelación las etapas del arreglo: por ejemplo, si hay que coser primero y después lavar, o al revés; si hay que deshacer la costura y luego medir, o al contrario; si hay que planchar antes o después.

En este capítulo se ofrecen, para cada uno de esos elementos (tejido, hilos, medidas, etc.), las informaciones esenciales acompañadas de ilustraciones. También se explican los puntos más habituales de costura a mano para que todo el mundo disponga de las claves necesarias para adaptar el arreglo a la prenda.

Antes de empezar

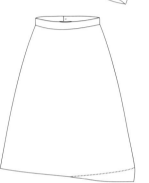

Evaluar las dificultades

Es el primer paso y sin duda el más importante, porque hay que determinar qué clase de arreglo necesita la prenda. Puede ser:

– Un arreglo sencillo y rápido, como volver a coser un bajo descosido o cambiar la cremallera de una falda o de un vaquero.

– Un arreglo más complejo, como entallar una prenda poniendo unas pinzas.

Hay que evaluar previamente las dificultades que se pueden presentar más tarde para hallar las soluciones adecuadas: pedir ayuda a otra persona que trabaje la parte de la espalda, encontrar tiempo para buscar las soluciones técnicas para una costura o un corte, etc.

Después hay que asegurarse de disponer de todas las herramientas necesarias: hilos, cinta métrica, tijeras, alfileres, etc.

Identificar las características del tejido

Existen muchas categorías de tejidos: fino, grueso, rígido, fluido, transparente, de fibras sintéticas o naturales.

Entre los dos extremos, que son la piel de pelo y la muselina, cada materia textil reacciona de forma distinta al lavado, al planchado e incluso a la costura.

Cada tipo de tejido requiere diferentes tratamientos de mantenimiento y distintas soluciones técnicas de corte y confección. Por tanto, antes de empezar un arreglo, es fundamental conocer sus ventajas e inconvenientes, sobre todo su reacción al paso de una aguja o al planchado. En el tafetán o la seda, por ejemplo, el paso de la aguja deja una marca definitiva. Por eso siempre hay que hacer antes una prueba en una parte no visible de la prenda que se vaya a arreglar.

Adaptar el hilo a la labor

Como el arreglo se realiza sobre una prenda ya confeccionada, el hilo para coser, a mano o a máquina, debe estar adaptado no a la calidad del tejido sino al hilo utilizado en la labor. En la medida de lo posible, es muy importante emplear un hilo de igual naturaleza y grosor.

Un hilo demasiado distinto al de la labor original podría destacar e incluso alterar la estructura de la costura. Aunque la diferencia no se note al principio, podría aparecer después del lavado o el planchado.

Conos cruzados, bobinas, carretes

La prueba del encendedor

Para saber si un hilo es sintético o natural, basta con descoserlo unos centímetros en la parte del arreglo y pasar la llama del mechero por el hilo descosido. El olor a quemado del hilo sintético es muy distinto del que produce el hilo natural.

Elegir el punto

La costura que se aplique en la parte del arreglo, prolongando la ya existente en la labor de origen, es igual de importante que el hilo utilizado.

Para que la nueva costura no se note hay que darle al hilo y a las puntadas la misma tensión que tenían en la costura anterior.

En caso de una costura a mano (para un dobladillo, por ejemplo), hay que observar con qué técnica estaban dadas las puntadas (cruzadas, escondidas, inclinadas, etc.).

Es muy importante realizar previamente una prueba de costura para comparar el resultado obtenido con el de la labor original y elegir la mejor solución.

Conviene saber

Para arreglar una prenda de vestir es necesario tener conocimientos de costura a mano y a máquina y de confección.

Tomar medidas

Cualquiera que sea el arreglo que se vaya a realizar en una prenda, es necesario tomar medidas: largo de la cremallera, cantidad de botones, largo de las pinzas, cantidad a embeber, etc.

Esta etapa es indispensable, sobre todo en el caso de arreglos complejos o de modificar la estructura de la prenda. Una vez deshechas las costuras, limpias y planchadas, resulta difícil determinar el arreglo necesario si no se dispone de las medidas tomadas previamente.

No hay que fiarse de la memoria, por buena que sea; siempre se deben anotar las medidas que se tomen. De esta etapa de preparación depende en gran parte la calidad del trabajo terminado.

"Limpiar"

Cuando se arregla una prenda, el término "limpiar" significa varias cosas: lavarla, naturalmente, pero también quitar los hilos, ajustar un canto deshilado, aplastar los dobleces con la plancha, etc.

En resumen, hay que preparar la zona a arreglar con el mayor cuidado porque ciertos elementos pueden estorbar a la hora de prender con alfileres o de aplicar las medidas exactas, por ejemplo. Esta etapa no se puede dejar para el final.

No siempre es preciso lavar la prenda una vez terminado el arreglo. Si fuera preciso, habrá que seguir las instrucciones de mantenimiento que correspondan a la calidad del tejido (ver las págs. 12-14).

¿Prender con alfileres o hilvanar?

Para mantener la forma dada al tejido existen dos técnicas: prender con alfileres o pasar un hilván. La elección no carece de importancia.

Por ejemplo, en el caso de un dobladillo que haya que coser a máquina, será difícil quitar los hilvanes cuando la costura esté hecha: en este caso se justifica el uso de alfileres.

Por el contrario, cuando se aplican pinzas en la cintura, los alfileres pueden molestar durante la prueba. En ese caso se optará por hilvanar, con la condición de que luego la línea de costura quede justo al lado del hilván.

Se aconseja utilizar alfileres largos y finos (35 mm de largo y 0,45 mm de diámetro, por ejemplo), que son fáciles de prender y de quitar.

El hilván se hace con puntadas adaptadas al lugar en que se aplique: pequeñas (de 1 cm más o menos) para marcar la costura definitiva; más largas para mantener un tejido sobre un fondo, como un cuello sobre el escote o la vista de una sisa, por ejemplo.

10

Organizar el trabajo

Obtener un buen resultado en poco tiempo es sobre todo cuestión de organización. Conviene planificar el trabajo indicando el orden de las etapas que se deban seguir. De este modo el arreglo se irá desarrollando sin sorpresas, sin agobios y con la satisfacción de estar realizando un trabajo bien hecho.

Este es un ejemplo de planificación de un arreglo aplicado a un fondo de bolsillo agujereado que hay que sustituir.

Parte del saco del bolsillo que hay que sustituir

Revés de la falda

1. Elegir la tela: forro gris oscuro.

2. Elegir el hilo: poliéster gris oscuro.

3. Elegir la costura: 4 puntadas por cm (hacer antes una prueba).

4. Planchar.

5. Hacer un patrón de papel con el contorno del bolsillo existente.

6. Deshacer la costura antigua.

7. Limpiar.

8. Cortar.

9. Montar el bolsillo, sobrehilar los cantos.

10. Planchar.

11

Los tejidos

Por lo general, los tejidos comerciales disponibles se clasifican en función de su textura (gruesos, fluidos, transparentes, etc.) y de sus posibilidades de utilización (para prendas de vestir, para la industria, para protección, como los tejidos ignífugos para los bomberos). El nombre del tejido se define a su vez por el tipo de fibras y de hilos que lo componen (poliéster, acrílico, seda, lino, etc.).

Algunos tejidos, sin embargo, se designan según ciertas características: por ejemplo por su aspecto (moaré, calado), su uso (forro), su tipo de hilo (buclé) o su tejido (punto).

En realidad, los nombres de los tejidos no están normalizados ni uniformizados, ni para los que se emplean en la industria ni para los de uso particular.

Fibras textiles

Todos los tejidos se obtienen a partir de fibras, aplicando sobre ellas distintas técnicas: el tejido en sí (entrecruzando varios hilos, como en el caso del algodón y de numerosas fibras textiles), el no-tejido (en "láminas", como el fieltro), el punto (un solo hilo va formando mallas) o el anudado (como el encaje de bolillos).

	Fibras naturales	Fibras manufacturadas
Vegetales	Semillas: algodón, miraguano, coco. Tallos: lino, cáñamo, yute. Hojas: sisal, abacá.	*Polímeros naturales (de origen celulósico: celulosa extraída de la madera)* Celulósico: viscosa, lyocell, modal, acetato, cupro. Caucho.
Animales	Pelo noble: alpaca, llama, camello, conejo, angora, mohair, cachemir. Pelo rústico: caballo, cabra. Seda: cultivada, salvaje.	*Polímeros sintéticos* Elastómero: elastán, elastodieno. Poliacrílico: acrílico, modacrílico. Poliamida: nailon, aramida. Clorofibra: cloruro de vinilo. Poliéster. Vinilo.

A partir de esas fibras se realizan los hilos. Estos se diferencian por la torsión y el grosor. Mezclando fibras se obtiene una gran variedad de hilos; estos son los que dan al tejido o al punto sus características particulares.

El principio de construcción textil mediante el tejido se establece a lo largo (urdimbre) y a lo ancho (trama).

Etiquetado textil (o etiquetado de composición)

La reglamentación internacional obliga a la industria textil a ofrecer al consumidor información sobre las materias primas utilizadas en sus productos. El porcentaje de los componentes naturales o sintéticos se indica en la etiqueta: en las prendas de vestir puede estar bordado en un borde que forme un orillo o inscrito en el embalaje.

Para informar de la calidad superior de un producto, los fabricantes emplean un sello especial, colocado en la prenda, que significa que se han respetado ciertas normas establecidas. Los sellos o marchamos de calidad y los nombres comerciales son marcas registradas y protegidas por una legislación internacional contra utilizaciones fraudulentas.

Lino

Fibra vegetal muy apreciada que se conoce desde hace unos 5.000 años. Se extrae del tallo de la planta. Sus principales productores son China y Rusia.

Seda

Fibra animal descubierta en China hace unos 5.000 años. Los hilos producidos por el gusano de seda criado son muy distintos de los hilos de seda salvaje. La seda representa aproximadamente el 0,2% de la producción mundial de fibras textiles. Sus principales productores son China y Estados Unidos.

Algodón

Fibra vegetal conocida desde hace unos 5.000 años. La producción de algodón supone aproximadamente el 49% de la producción mundial de fibras textiles. Sus principales productores son China y Estados Unidos.

Pura lana virgen

La pura lana virgen (100% lana) se obtiene de ovejas o de corderos vivos. En el producto terminado no hay mezcla con otras fibras. La lana representa aproximadamente el 5% de la producción mundial de fibras textiles. Sus principales productores son Australia y Rusia.

Lana virgen mayoritaria

Es una mezcla de lana con otras fibras; la proporción de lana virgen es por lo menos del 60%.

13

Códigos de comportamiento del tejido

Los códigos de comportamiento de un tejido han sido creados por los fabricantes para indicar ciertas propiedades de los tejidos. Se colocan en el producto e indican que se han respetado unas normas de calidad preestablecidas. Son también marcas registradas por los fabricantes y protegidas por una legislación internacional contra posibles utilizaciones fraudulentas.

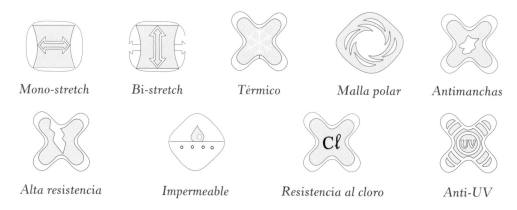

| Mono-stretch | Bi-stretch | Térmico | Malla polar | Antimanchas |

| Alta resistencia | Impermeable | Resistencia al cloro | Anti-UV |

Símbolos de mantenimiento

Los fabricantes están obligados a indicar los símbolos de mantenimiento en sus artículos textiles.

Para establecer un código de mantenimiento textil, el fabricante somete su producto a cinco pruebas: lavado, planchado, blanqueado, limpieza en seco y secado. Corresponden a los cinco símbolos principales que figuran en todos los productos.

Como la resistencia del material, su sensibilidad a la temperatura y a los productos químicos varía según el tipo de fibra y la estructura del hilo o de los hilos, los símbolos se acompañan de cifras, puntos o letras que indican el tipo de mantenimiento y cuidados que corresponden exactamente al producto.

Lavado
- Lavar a 40 °C
- Lavar a mano
- No lavar con agua

Blanqueado
- Admite blanqueado
- No usar lejía

Planchado
- ± 110 °C
- ± 150 °C
- ± 200 °C
- No planchar

Secado
- Secado templado
- Secado medio
- Secado caliente
- No secar en secadora

Limpieza en seco
- Todo tipo de disolventes
- Utilizar percloretileno y gasolina
- Utilizar gasolina y white-spirit
- No limpiar en seco

Encaje

El encaje se suele fabricar a mano o a máquina con fibras naturales o sintéticas. Las empresas especializadas en la fabricación de distintos tipos de encaje han desarrollado una serie de características propias para cada uno de ellos: encaje stretch, de Calais, guipur, chantilly, etc.

Pese a su escasa resistencia y a su sensibilidad a la temperatura, el encaje se utiliza mucho (más que otros tejidos) en la fabricación de lencería, de ropa de casa, trajes de calle o de fiesta, etc. Es un textil noble por excelencia y muy elegante.

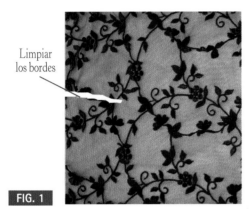

Limpiar los bordes

FIG. 1

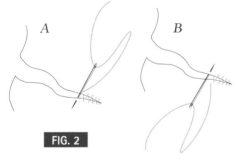

FIG. 2

A   B

Reparar un encaje

El encaje es muy frágil y se rompe con facilidad. Más que un arreglo, en el encaje se suelen hacer pequeñas reparaciones, como restablecer un motivo.

En general, estas reparaciones se hacen mediante una costura a mano con un hilo muy fino. Para que no se note mucho en la estructura decorativa, hay que elegir el hilo adecuado: un hilo transparente compuesto de nailon, en el caso de encaje blanco o encaje de color, y un hilo fino de nailon negro, en el caso de encaje negro.

Para facilitar la reparación, la costura de unión de los dos bordes se debe hacer con la labor extendida sobre un fondo blando. Pinchar la aguja por debajo del borde inferior (fig. 2A) y tirar de la hebra; pinchar luego por debajo del borde superior (fig. 2B).

Hay que tirar suavemente del hilo después de cada puntada, de manera que los bordes se aproximen y formen una superficie plana. No hay que apretar la costura.

La profundidad y la distancia de las puntadas situadas en los bordes deben estar adaptadas a la estructura del encaje, con cuidado de no separarlas demasiado (para que no queden agujeritos entre ellas) ni tampoco hacerlas demasiado profundas.

Conviene saber

Para que no se vean las puntadas aplicadas sobre un encaje tejido sobre un fondo de tul (incluso con un hilo de nailon transparente quedan marcas), se pueden pegar los bordes con tejido (vendido por metros) o cinta termoadhesivos.

Tejidos de punto

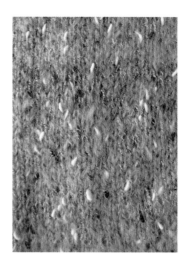

Antes de lanzarse a reparar o arreglar un tejido tan peculiar como el punto, es necesario conocer sus componentes y su estructura. Este conocimiento permitirá hallar más fácilmente la solución que ofrezca un mejor resultado en el trabajo a realizar.

Una de las características específicas de los tejidos de punto es su densidad a lo largo y a lo ancho, debida a la técnica de fabricación y no a la composición de sus hilos.

Las distintas formas de entrelazar las mallas ofrecen resultados muy variados: punto en urdimbre o en trama, punto en bucle o esponjoso, jacquard o interlock, etc.

Estructura del punto

Como se veía anteriormente, todo tejido se obtiene a partir de fibras y según diversas técnicas: tejido, no-tejido, punto o anudado.

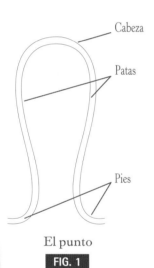

El punto

FIG. 1

El punto se compone de presillas que se van entrelazando. Forman vueltas (filas) a lo ancho del tejido (fig. 1A) y columnas a lo largo (fig. 1B).

La densidad de este tejido depende del tamaño de los puntos y del grosor del hilo. Puntos grandes e hilo fino proporcionan una gran elasticidad; y a la inversa, puntos pequeños entrelazados con un hilo grueso producen un tejido tupido, con escasa elasticidad.

Las prendas tricotadas requieren mucho cuidado al lavarlas, secarlas y plancharlas. Si no se respetan los consejos de mantenimiento, se deforman con facilidad. Por lo general se limpian en seco o se

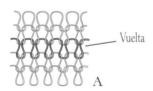

A

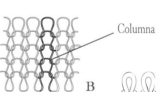

B

Columna

lavan a mano y se ponen a secar extendidas en horizontal. Colgar una prenda de punto mojada puede provocar una deformación irreversible en la estructura del tejido.

El planchado se hará por el derecho del tejido, sobre una superficie mullida e interponiendo un paño para proteger el tejido. No se deslizará la plancha sobre la superficie, sino que se apoyará ligeramente y se desplazará levantándola para no estirar el tejido y no aplastar los puntos.

Adaptar la temperatura de la plancha al tipo de fibras e hilos utilizados.

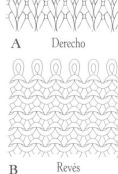

A Derecho

B Revés

FIG. 2

Clasificación de los tejidos de punto

El tejido de punto se fabrica con agujas específicas, entrelazando uno o varios hilos. De la técnica utilizada dependen el grosor, la estructura del tejido y el aspecto del producto terminado.

Los materiales tricotados industrialmente se clasifican en dos categorías: punto en trama y punto en urdimbre (figs. 3 y 4).

En el punto en trama, el tejido se obtiene según una técnica ejecutada en horizontal y con un solo hilo. No es indesmallable y los puntos que se suelten pueden formar una "carrera". Es el punto más común.

En el punto en urdimbre, llamado comúnmente "malla", el tejido se fabrica según una técnica de tricotado en vertical, con puntos hechos con varios hilos de urdimbre. Es indesmallable y ni siquiera los puntos rotos se "corren". El punto en urdimbre se utiliza sobre todo para trajes de baño, ropa deportiva, ropa interior y lencería, para dobladillos elásticos y encaje.

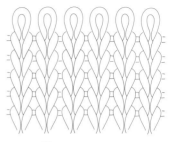

Punto en trama

FIG. 3

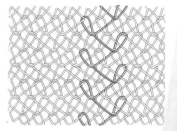

Punto en urdimbre

FIG. 4

Coger un punto que se ha soltado

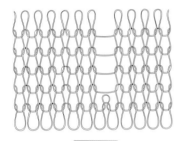

FIG. 5

El punto tejido con forma es una técnica de fabricación que se utiliza mucho en prendas de punto (algunas extremidades se cortan con unas tijeras).

En general, las partes de la prenda se montan con una costura de puntos en zigzag para dar elasticidad a los bordes. Sin embargo, esta técnica de fabricación hace que los bordes cortados sufran durante la confección o con el uso de la prenda.

Si al coser las piezas un punto no está bien perforado con la aguja, ese punto se soltará durante el montaje (fig. 5).

Para coger un punto que se haya soltado en columna, se debe utilizar una aguja especial. Consiste en un ganchillo que permite sostener el punto (fig. 6A) y en un cierre que se abate sobre el ganchillo (fig. 6B) al pasar el hilo.

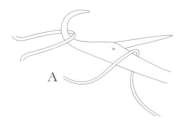

A

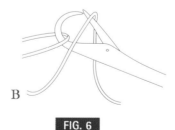

B

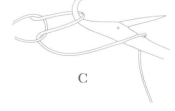

C

FIG. 6

La aguja debe estar adaptada al tamaño del punto y al grosor del hilo. En el comercio hay disponibles muchos modelos distintos.

17

Coser punto a punto

En general, el montaje de dos piezas cualquiera de un tejido de punto en trama o en urdimbre se hace aplicando una costura en un margen más o menos ancho. En un tejido de punto se puede lograr que esa costura de montaje quede invisible, uniendo a mano los puntos de los dos lados: el punto de abajo con el punto de arriba (fig. 7).

Esta técnica de unión es muy eficaz cuando se trata de coser dos piezas borde con borde, sobre todo a la hora de acortar una manga o de reconstruir un puño, o también para alargar una falda añadiéndole una banda en el bajo.

El principio es ir formando puntos entre los bordes de las dos piezas, con el mismo hilo utilizado en la prenda. La unión queda aplastada y prácticamente invisible. Esta costura se puede aplicar de izquierda a derecha o de derecha a izquierda.

Para hacerla, se pasa la aguja por dos puntos de arriba y luego se pincha de nuevo en el último punto tratado abajo, repitiendo la operación a lo largo de toda la fila (fig. 7, en rosa).

Tirar suavemente del hilo después de formar cada punto para mantener la elasticidad de los puntos cosidos, que será muy parecida a la de los puntos de la prenda original.

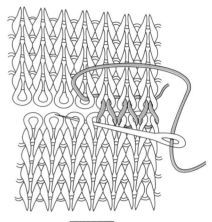

FIG. 7

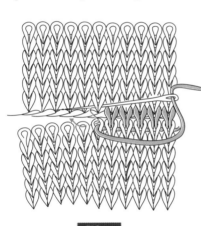

FIG. 8

Esta técnica también permite montar dos piezas de tejido de punto con bordes diferentes: por ejemplo, el bajo del delantero lleva unos puntos cruzados como remate del borde (fig. 8, pieza de arriba) y la parte que se añade para alargar tiene unos puntos ajustados (fig. 8, pieza de abajo).

En algunos tejidos, esta primera vuelta no se estira de la misma forma que las vueltas siguientes. Para evitarlo, se quita el hilo que entrelaza los puntos que sirven de remate o se sitúa este hilo de remate hacia el revés de la labor (fig. 8).

Conviene saber

Cuando el arreglo haga necesario cortar una parte de un tejido de punto, hay que conseguir que los bordes no se deshagan. Se puede hilvanar pasando la aguja por cada uno de los puntos, o coser a máquina con puntadas largas para poder descoserlas fácilmente al terminar el trabajo.

Rematar los bordes

En general, los puntos de la última fila de abajo o de arriba de una labor están cruzados para que el borde quede rematado y no se deshaga. Cuando se hace una reparación, un arreglo o una transformación, a veces hay que cortar el borde (por ejemplo, si se acorta una prenda). Para evitar tener que hacer un dobladillo, que quedaría grueso, se aplica otra técnica que consigue un borde impecable, fino y bonito.

Una vez cortada la labor, ajustar la vuelta quitando los hilos para poder ver bien los puntos.

Enhebrar la aguja con hilo recuperado al limpiar la vuelta.

Empezar por pinchar en el primer punto y en el segundo, tirar ligeramente del hilo y volver al primer punto (fig. 9). Unirlo en la aguja con el tercer punto (fig. 10) y tirar del hilo. Seguir así hasta terminar la reparación.

No tirar demasiado del hilo para que el borde quede flexible y con la misma elasticidad que el tejido. Este acabado del borde se puede aplicar en los puntos de la vuelta de arriba o de abajo de la labor (fig. 11).

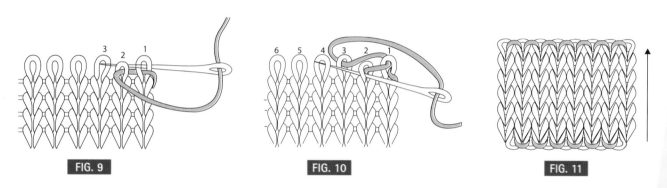

FIG. 9

FIG. 10

FIG. 11

Aplicar una guía de borde

Si el arreglo o la modificación consiste en hacer un corte al bies o en curva para terminar un borde (como en el caso de ensanchar un escote), se puede aplicar una guía de borde (fig. 12). Este tipo de remate, que es específico para el punto, no produce engrosamiento alguno en la costura de montaje.

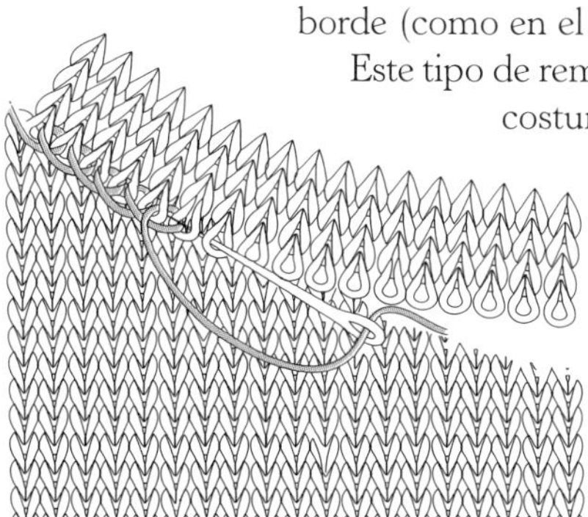

FIG. 12

Para hacerlo es imprescindible que la vuelta de puntos de la guía de borde sea perfectamente regular.

Los puntos de costura de montaje se pueden hacer de izquierda a derecha o de derecha a izquierda. La profundidad de los puntos depende del grosor del tejido.

Después, por el revés de la labor, se hacen a mano unos puntos cruzados cubriendo el borde cortado (ver pág. 23).

Generalidades

Arreglos corrientes

Realizar una pequeña reparación que no modifique el aspecto original de la prenda, como puede ser hacer un bajo o cambiar una cremallera, es un trabajo que exige sobre todo paciencia y voluntad.

Siguiendo los consejos que se ofrecen en este capítulo y adoptando en cada caso la solución adecuada, hasta los principiantes consiguen resultados satisfactorios. La mayoría de las veces se trata solamente de saber hacer una costura a mano o a máquina y utilizar la plancha.

Jaretones

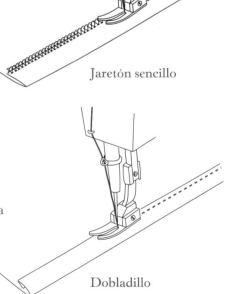

El remate del bajo de cualquier prenda (forrada o sin forrar, falda, chaqueta, camisa, pantalón, etc.) se hace doblando el borde o con una vista. Este remate del bajo se llama "jaretón" y es la reparación más frecuente en los arreglos.

La reparación se debe realizar siguiendo una técnica similar a la utilizada en la prenda, para que así no se note la nueva costura. Ahora bien, en la industria del prêt-à-porter, los jaretones se cosen con máquinas especiales, y cuando se hace un arreglo en casa no se dispone del equipo adaptado al tipo de costura original, por ejemplo unos puntos invisibles, pero esa técnica se puede sustituir adecuadamente por una costura a mano. Es un trabajo sencillo, aunque minucioso y preciso; si se aplica bien, produce muy buenos resultados.

Por tanto, es necesario conocer los puntos de costura más utilizados para fijar un jaretón.

Puntos de costura de los jaretones

Los distintos tipos de jaretón, sencillos o dobles, se aplican a mano o a máquina en función de la calidad del tejido (fino o grueso) y del lugar que ocupen en la prenda (bajo de un pantalón, de una falda o de una chaqueta).

Jaretón sencillo

Para que el canto del doblez no se deshile, hacer una costura de remate antes de coser el jaretón. En general se realiza con una máquina especial de sobrehilado, pero esos puntos también se pueden hacer a mano (ver pág. 23, Sobrehilado).

Luego, para fijar el jaretón, dar puntadas rectas pegadas a la costura de remate (aquí en rojo). Es imprescindible hacerlo así para que el jaretón quede fuerte.

Ahora bien, esa costura recta no se hace encima de los puntos de sobrehilado a máquina porque, a la larga, el borde del tejido tendería a deshilarse.

Jaretón sencillo

Dobladillo

El dobladillo o jaretón doble se fija con una sola costura. Para que se mantenga bien y el borde del doblez estrecho no se vuelva, debe hacerse a 1 o 2 mm del borde.

Es necesario respetar el ancho del doblez. No debe quedar pillado del todo en la costura: por ejemplo, si la nervadura se hace a 2 mm del borde, el doblez debe medir por lo menos 4 mm.

Con frecuencia, la costura se hace con un prensatelas especial en la máquina para que el remate del borde quede regular. Se aconseja igualmente aplastar el doblez con la plancha para facilitar el cosido.

Dobladillo

Zigzag

Este punto de costura se aplica tanto a mano como a máquina y se utiliza generalmente para fijar un jaretón en un tejido elástico. La relativa flexibilidad que proporciona impide que el hilo se rompa, al contrario de lo que sucede con los puntos de una costura recta.

Se puede aplicar en un jaretón sencillo o en un dobladillo.

No es necesario sobrehilar el canto del doblez en un jaretón sencillo. No se deshila porque los puntos del zigzag rematan el canto al mismo tiempo que cosen el jaretón.

Sobrehilado con puntos inclinados (a mano)

Estos puntos de costura inclinados se pueden utilizar de dos maneras:

1. Como remate del canto: si los puntos se aprietan lo suficiente, van volviendo ligeramente el canto y evitan que este se deshile.

2. Como costura de unión que cubre al mismo tiempo el canto y le impide deshilarse. La costura queda muy aplastada por el revés y apenas visible por el derecho de la labor.

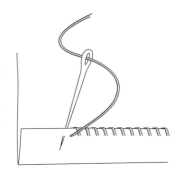

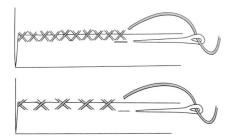

Puntos cruzados o escapulario (a mano)

Estos puntos se utilizan igual que la costura en zigzag que se hace a máquina. Se aplican sobre tejidos elásticos porque es una costura flexible que cede siguiendo la estructura del tejido.

Estos puntos aplicados en un jaretón evitan el volumen que supondrá un dobladillo y hacen innecesario sobrehilar los cantos, ya que impiden que aquellos se deshilen.

El punto de escapulario en el borde de un jaretón produce una costura aplastada que no se nota por el derecho de la labor.

Se suele aplicar en bordados, ya que los hilos cruzados rellenan la superficie bordada. Las puntadas se pueden hacer muy juntas o separadas, según la base.

Punto escondido (a mano)

Esta costura para sujetar un jaretón requiere que el canto esté sobrehilado.

Los puntos se hacen por dentro del jaretón; para ello, levantar el borde del mismo, pasar la aguja por el tejido de debajo, sin atravesarlo hacia el derecho, y tirar ligeramente del hilo. Pasar la aguja de igual manera por el jaretón. La operación se repite cada 2 o 3 mm.

Los puntos no se deben apretar para que casi queden invisibles, tanto por el derecho como por el revés de la labor.

23

Fijar un jaretón

Cuando se deshace un jaretón es porque el hilo que mantenía sujeto el tejido se ha roto. Ese defecto se debe casi siempre a una mala adaptación de la calidad del hilo a la estructura del tejido (resistencia, grosor, composición de las fibras, etc.).

Fijar un bajo sencillo

El bajo sencillo se compone de un jaretón cuyo ancho depende del tipo de prenda y de la técnica de cosido utilizada. En general, la pulcritud del borde del doblez se consigue:

– Aplicando unos puntos de costura a mano, como puntos inclinados o puntos cruzados: esta técnica de remate del canto se suele utilizar en tejidos transparentes y ligeros (como la organza) porque el resultado de ese trabajo es delicado y elegante, y en piezas únicas (por ejemplo, a la medida) o en alta costura.

– Aplicando unos puntos con una máquina especial (de sobrehilar) para obtener un acabado más regular del canto.

Descoser de 3 a 5 cm los extremos del bajo que se haya deshecho y bloquear con alfileres (fig. 1). Esto permite el acceso a todo el largo del jaretón que hay que reparar.

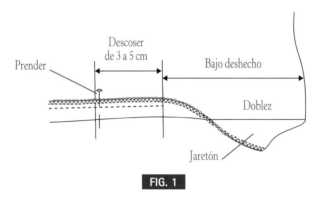

FIG. 1

Limpiar retirando los hilos rotos y volver a dar puntadas de remate en el canto si hiciera falta.

Para volver a coser el bajo hay que contar con una superficie limpia y plana, aunque el planchado sea solo provisional. La parte que haya que volver a coser se plancha a baja temperatura porque el calor puede alterar la estructura de ciertos tejidos (como la seda o el tafetán, por ejemplo).

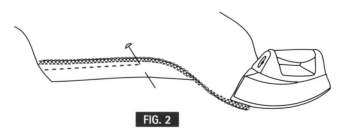

FIG. 2

El borde de la prenda debe quedar en la prolongación del borde existente. En un trecho corto (por ejemplo, de 5 a 10 cm), medir el largo del jaretón original y trasladar esa medida a la superficie preparada (limpia y planchada); fijarla provisionalmente con alfileres (fig. 3).

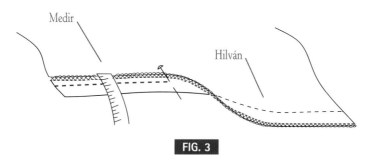

FIG. 3

Si el largo del jaretón deshecho es importante, se aconseja pasar un hilván por la medida tomada. De este modo resultará más fácil doblar correctamente el jaretón sobre el hilo. Esta operación no debe hacerse nunca "a ojo": en ciertas telas, como el tafetán o la seda, es imposible borrar el doblez, incluso con la plancha. Hay que seguir por tanto la marca del doblez anterior y prender el ancho del jaretón.

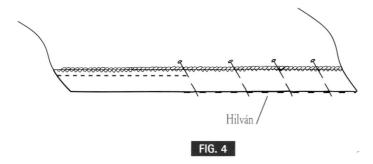

FIG. 4

Fijar luego el jaretón siguiendo la misma técnica de montaje que se aplicó originalmente en la prenda, a máquina o a mano, utilizando el hilo con componentes más parecidos a los del hilo anterior (para más detalles, ver pág. 9).

25

Fijar un dobladillo

El dobladillo se compone de dos dobleces. El primero es un doblez cuyo ancho viene determinado por la calidad del tejido y por el modelo de la prenda; el segundo doblez se forma volviendo un poco el borde del tejido hacia dentro (de 2 a 5 mm). El dobladillo se aplica en tejidos bastante finos, pues no aumenta mucho el volumen por la superposición de dobleces, o en tejidos finos que tiendan a deshilarse.

En general, el canto del dobladillo no se sobrehíla. En ciertos tejidos es frágil y se deshila con facilidad, por lo que las operaciones de limpieza y planchado se harán con mucho cuidado.

Descoser de 3 a 5 cm los extremos del dobladillo que se haya deshecho y bloquear con alfileres (fig. 1). Esto permite el acceso a todo el largo del dobladillo que haya que reparar.

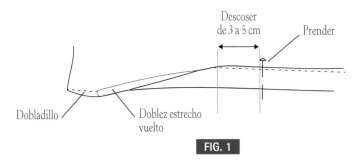

FIG. 1

Retirar los hilos rotos y planchar a baja temperatura porque el calor puede alterar la estructura de ciertos tejidos (como la seda o el tafetán, por ejemplo).

Al planchar es muy importante respetar el pequeño doblez vuelto del dobladillo: no hay que deshacerlo porque costaría mucho trabajo restablecer un doblez tan estrecho (de 2 a 3 mm) y se podría dañar el canto.

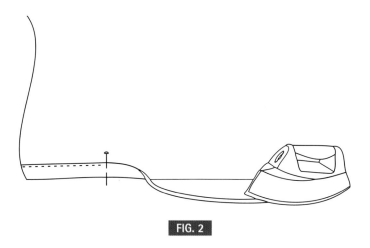

FIG. 2

Al restablecer un dobladillo, hay que respetar el ancho que tenía originalmente cada doblez.

Si la longitud del dobladillo deshecho es importante, se aconseja realizar la operación en dos etapas. Primero, pasar un hilván por el doblez pequeño para que quede una línea de doblez bien marcada, luego indicar la línea de doblez del jaretón; para hacerlo, trasladar la altura del jaretón desde el doblez pequeño y pasar el hilván siguiendo esa medida.

Para lograr un buen resultado, esta operación no se debe hacer nunca "a ojo".

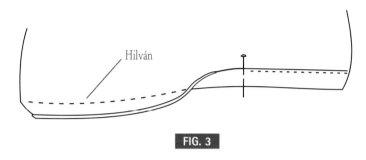

Hilván

FIG. 3

Doblar el jaretón siguiendo la línea del hilván. Si el largo del jaretón que hay que reparar no es muy grande, por ejemplo de 2 a 3 cm, en la segunda etapa de la operación el hilván se puede sustituir por alfileres.

Fijar luego el dobladillo siguiendo la misma técnica de costura que la aplicada originalmente a la prenda, a mano o a máquina y con un hilo con los componentes más parecidos a los del hilo original (para más detalles, ver pág. 9).

En ciertos tejidos, como el tafetán o la seda, el doblez del dobladillo descosido no se puede eliminar ni siquiera con la plancha. Para establecer un dobladillo hay que seguir la marca del doblez anterior.

27

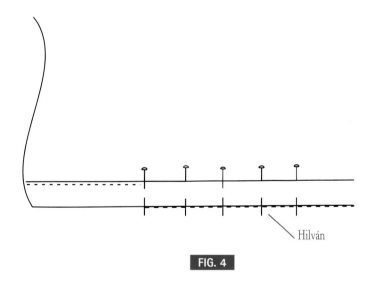

Hilván

FIG. 4

Reparar el borde de un escote

Para obtener la forma deseada en el borde de un escote (redondeada, ceñida, en pico), el margen de costura de las piezas unidas debe llevar unos cortes para que no tire y deforme la línea del borde.

A menudo, para obtener una línea impecable y lisa, los márgenes llevan cortes casi hasta la costura o bien la costura se ha hecho muy cerca del borde.

Al cabo de varios lavados, aunque el tejido no sea frágil, la costura ya no mantiene los bordes y estos se deshilan. De todos los elementos que componen una prenda, los que más sufren son las sisas y los escotes.

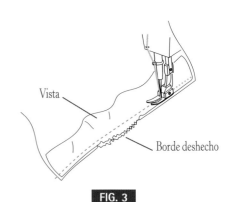

FIG. 1

La limpieza de un escote y de las sisas (cuando no llevan mangas aplicadas) la determina o bien una vista unida (fig. 1, en rosa), o bien unas vistas separadas (una vista para el escote y otra para la sisa) (fig. 1, en azul).

Para que las vistas no se vuelvan, se fijan con una costura. Es indispensable estudiar cómo estaban cosidas las vistas (costura sencilla, sobrecargada o con nervadura).

Para reparar el borde descosido hay que tener un cómodo acceso al revés de la labor; para ello, descoser todas las costuras que estorben, unos 5 cm a cada lado del largo que haya que reparar.

Luego, volver el borde hacia el revés. Para pasar a la etapa siguiente de la reparación, limpiar y planchar los bordes.

Las reparaciones de los bordes consisten en aplicar una pequeña modificación en la forma del borde. En general habrá que agrandar la curva desplazando la costura de unión, de manera que quede en la prolongación de la costura de unión anterior.

Primero, hilvanar (fig. 3 en azul) a una distancia suficiente para absorber los bordes deshilados.

Luego, siguiendo el hilván, aplicar la costura de unión (fig. 3, en rosa).

Terminar de embeber fijando la entretela en su sitio y aplicando la misma costura que tenía la prenda en origen.

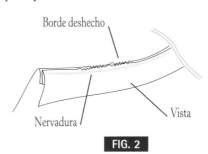

Borde deshecho

Nervadura · Vista

FIG. 2

Vista

Borde deshecho

FIG. 3

28

Reparar el jaretón de una prenda forrada

Las chaquetas, abrigos y faldas estrechas suelen estar forrados con una tela fina y ligera. Por lo general, el forro va cosido al borde de un jaretón de la prenda, o incluso fijado al propio tejido de la prenda.

En estos casos, reparar un jaretón descosido requiere ciertos preparativos preliminares.

Para tener acceso al jaretón y poder repararlo con comodidad, hay que volver la prenda del revés.

Es frecuente que el forro esté cosido al revés de la prenda con una costura todo alrededor de la misma. Para que después sea posible volver la prenda del derecho, dejar en la costura una abertura situada generalmente en un costado o a lo largo de una manga. Cerrar esa abertura con una nervadura o con unas puntadas a mano.

Hay que encontrar esa nervadura para descoserla y después, pasando la mano por la abertura descosida, dar la vuelta a la prenda de manera que el forro y el tejido de la prenda queden por su revés.

Aberturas

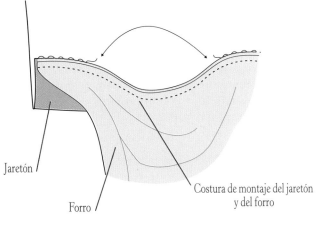

Jaretón

Forro

Costura de montaje del jaretón y del forro

Reparar el jaretón (ver las págs. 24-25) y volver de nuevo la prenda hacia el derecho. Cerrar la abertura con una costura a máquina o a mano. Planchar.

Cremalleras

La cremallera es un medio rápido y muy utilizado para unir dos partes de una prenda. La cremallera se compone de dos cintas de tejido con unos dientes que encajan unos con otros al paso del tirador.

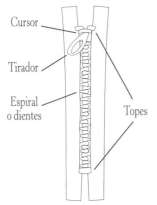

Este sistema de cierre rápido y cómodo desafortunadamente se suele romper, pero no siempre es necesario cambiar una cremallera que se abre en dos o que se engancha (el cursor no sube ni baja).

Únicamente se cambia la cremallera cuando ya no tiene remedio, es decir, cuando la espiral o los dientes están estropeados. En la mayoría de los demás casos, se puede arreglar. Naturalmente, a estos trucos fáciles de aplicar solo se recurre en los talleres artesanales de confección o en casa, y dependiendo de cada caso.

Reparar una cremallera que se ha abierto

La función del cursor es encajar firmemente unos dientes con otros a medida que va pasando.

Con el tiempo y el uso, o si la cremallera está fabricada con materiales poco sólidos, se va desgastando y se afloja. Los dientes no encajan de forma permanente y, si hay suficiente tensión, terminan por soltarse y la cremallera se abre por el centro.

Para prevenir o reparar este accidente, basta con apretar ligeramente el cursor por los laterales, izquierdo y derecho, con unos alicates.

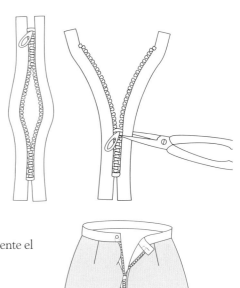

Desbloquear una cremallera atascada

El cursor encaja y aprieta firmemente las dos partes de la espiral, pero si al pasar tropieza con un hilo o coge un pellizco del forro, se atasca. Si se fuerza la cremallera, los dientes se pueden estropear de manera irremediable.

Muchas veces la cremallera se atasca debido a un pequeño pliegue que se ha formado en el forro, demasiado ancho, y que se engancha en la espiral. En este caso, hay que hacer avanzar despacio el cursor y soltar el pliegue de la espiral.

Volver con cuidado hacia atrás y limpiar la espiral.

Para prevenir y evitar este tipo de accidente, basta con dar unas puntadas que mantengan el pliegue a una distancia adecuada de la espiral.

Situar las cremalleras

La cremallera se coloca siempre en una abertura. Por lo general, el largo de la abertura se adapta al largo de la cremallera y no al contrario.

La costura que fija la cremallera en la parte inferior no debe situarse por debajo del tope de la cremallera porque la aguja de la máquina de coser se puede partir (si la espiral es de metal) o dañar los dientes al atravesarlos (si la espiral es sintética).

La espiral de la cremallera está situada en el borde de una cinta de tejido, de manera que quedan libres 1 o 2 cm arriba y abajo. Esos extremos de cinta permiten hacer una costura que fije la cremallera a lo ancho. La costura se debe aplicar por encima del tope del cursor de la cremallera (fig. 1, en verde) y la de abajo, por debajo del tope de la cremallera (fig. 1, en azul), porque la aguja de la máquina se puede romper (si la espiral es de metal) o puede dañar los dientes al atravesarlos (si la espiral es sintética).

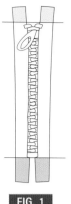

FIG. 1

A — Con tapilla
B — Sin forro
C — Con forro

FIG. 2

Cualquiera que sea la técnica de montaje utilizada para poner la cremallera, los extremos de las cintas se deben situar por dentro de la cinturilla (fig. 2, en verde); de este modo se puede aplicar fácilmente la costura de montaje en el ancho de la cremallera. ¡No cortar nunca los extremos de la cinta de una cremallera!

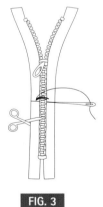

FIG. 3

A veces, cuando se trata de un arreglo, no hay posibilidad de modificar el largo de la abertura para adaptarla al largo de la cremallera (por ejemplo, en el tiro de un pantalón). Entonces se monta una cremallera más larga y se corta el sobrante.

Antes de cortar una cremallera hay que formar un tope en la espiral para que no se abra. Para hacerlo, dar unas puntadas a mano, apretadas, para ligar las espirales (fig. 3) y luego cortar por debajo de las puntas, a 1 o 2 cm.

Esta solución se puede aplicar a casi todas las cremalleras con espiral sintética y, en ciertas técnicas de montaje, a las cremalleras de metal.

Descoser la cremallera antigua

Para cambiar una cremallera, lo primero es quitar la estropeada. No siempre es fácil hacerlo porque a veces las costuras, las costuras sobrecargadas o incluso el corte de la prenda impiden descoser las puntadas de montaje. Hay que estudiar antes todos los elementos que puedan ayudar o estorbar en la labor y prever qué costura hay que quitar para acceder con comodidad a la zona del arreglo.

Una de las principales dificultades que se presenta cuando hay que cambiar una cremallera es que la prenda lleve una cinturilla con una tapilla de abrochado en los extremos (con botón y ojal o con automáticos en el centro de la tapilla). Esos elementos limitan casi siempre el acceso a un ancho suficiente para coser (fig.1).

FIG. 1

Es muy importante estudiar la medida de ese elemento para prever y elegir la técnica que mejor se adapte al cambio de la cremallera.

Cremallera situada debajo de la cinturilla

En este ejemplo, la altura de la cintura es estándar (4 cm) y permite disponer de un ancho suficiente (unos 2 cm) para retirar la cremallera y volver a hacer una costura de unión con la cinturilla (fig. 2).

Empezar por descoser la cinturilla en los dos extremos, hasta unos 5 cm del borde de la abertura. Si la prenda está forrada, descoser también el forro en la misma medida que se ha descosido la cinturilla y en los dos lados a lo largo de la abertura.

FIG. 2

Luego, deshacer la costura que une la cremallera a los lados de la abertura. Para facilitar la colocación de la nueva cremallera, hay que limpiar bien los bordes de la abertura (ver pág. 10) y, si fuera necesario, mantener los dobleces con un hilván porque algunos tejidos, incluso después de planchados, no quedan aplastados de manera permanente.

Para poner la cremallera nueva se puede aplicar la técnica anterior o bien, si la construcción de la abertura lo permite, optar por otra técnica (ver las págs. 35-39).

Cremallera debajo de un pliegue

Al montar una cremallera en la que el tope del cursor se sitúe a la altura del pliegue de un escote (fig. 3A) o en la abertura de una falda con vista (fig. 3B), el extremo de la cinta de la cremallera no se incluye en la costura de montaje.

En ambos casos, el extremo de arriba de la cremallera se dobla junto al tope formando un ángulo que permita el buen funcionamiento del cursor.

Por lo general, los dobleces se mantienen en su sitio con un pespunte hecho a cierta distancia del borde (en el escote de la chaqueta, por ejemplo) o mediante una nervadura que se hace solo por la parte interna de la labor (la vista de la falda, por ejemplo).

Para quitar la cremallera, empezar por descoser el pespunte hasta una distancia que permita acceder cómodamente a la zona y luego hacer la costura de montaje de la cremallera (3 a 5 cm, por ejemplo).

Después, quitar la cremallera descosiendo la costura de unión, limpiar bien los bordes e hilvanar el doblez para mantenerlo.

En este ejemplo (fig. 4), para cambiar una cremallera en el delantero de un blusón y que las dos partes se cierren en el centro hasta el escote, los topes de la cremallera deben quedar a la altura de los dobleces del escote; para ello, doblar el extremo de la cinta de la cremallera junto al tope (fig. 4).

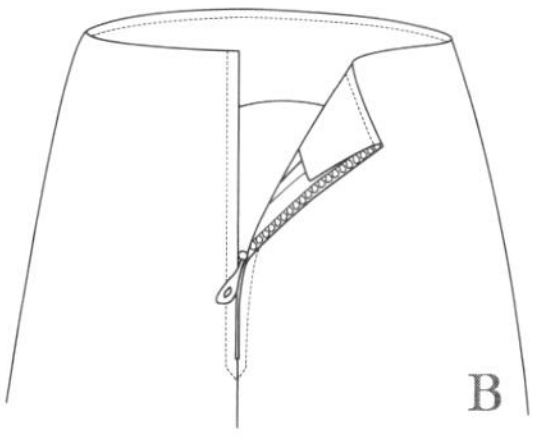

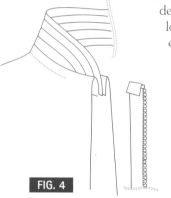

Luego remeter la cremallera por debajo del pliegue del delantero (en el lugar que ocupaba la anterior) y mantenerla en su sitio con unos alfileres (fig. 5). Para coser la cremallera con los pliegues del delantero hay que respetar la técnica de montaje utilizada originalmente al confeccionar la prenda.

Por lo general esa costura se hace por el revés de la prenda, de manera que la cremallera quede entre el borde de la vista y el del centro del delantero. En el caso de un arreglo, los pliegues ya están aplastados y la cremallera se puede montar, primero con la vista y luego con una segunda costura, con el doblez del centro del delantero. De este modo no hay necesidad de volver la chaqueta del revés.

Esta técnica es aplicable a todos los casos en que los bordes de la prenda quedan rematados con una vista o en los que la cremallera está situada hasta el doblez de la costura cerrada (por ejemplo, arriba de una falda, debajo de una manga o en la vista de un escote).

FIG. 3

FIG. 4

FIG. 5

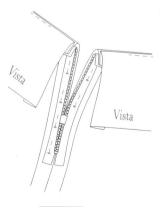

Cremallera cosida a una tapilla de botonadura

En algunos modelos, como en el caso de una falda con cinturilla recta o de una manga con puño, existe otra solución para cambiar la cremallera.

En ambos casos, los sistemas de abrochado se sitúan en todo el ancho de la cinturilla o del puño (fig. 6). Al montar los distintos elementos (el puño y la abertura con la cremallera y la manga), los extremos de la cinta de la cremallera quedan incluidos en la costura y luego en el corte de la botonadura o de los automáticos que se sitúan junto a los bordes.

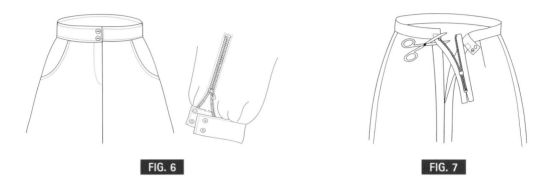

FIG. 6 **FIG. 7**

En este tipo de modelos es casi imposible rehacer correctamente la costura de unión de la cinturilla o del puño una vez sustituida la cremallera, por eso no hay que descoser la cinturilla o el puño en los extremos de los dos laterales de la abertura donde se coloca la cremallera.

Deshacer la costura de montaje de la cremallera desde debajo de la abertura hasta el pliegue de la cinturilla o del puño.

Recortar la cinta de la cremallera junto al tope, con cuidado de no dañar el borde del pliegue de la cinturilla o del puño (fig. 7).

Cuidado, porque esta aplicación solamente se justifica para sustituir cremalleras rotas cuando no haya solución para restablecer las costuras de las partes tratadas.

Conviene saber

Esta técnica de montaje de la cremallera está justificada en caso de un arreglo, pero no se aplica en la confección de una prenda nueva.

Doblar los extremos de la cinta de la cremallera junto al tope formando un ángulo que permita al cursor funcionar correctamente. Situarla luego en la abertura junto al pliegue de la cinturilla (fig. 8).

Dar unas puntadas a mano para sujetar los dobleces de la cinturilla y de la cremallera.

Fijar la cremallera con una costura de unión con la abertura.

FIG. 8

Montar una cremallera nueva

Una cremallera se puede coser en una prenda utilizando varias técnicas. Se elegirá la más adecuada a los modelos y al lugar en que debe coserse.

Montaje asimétrico de la cremallera

Este método de montaje de una cremallera es más estético que técnico. Uno de los dos pliegues de la abertura cubre totalmente la cremallera y la costura del otro lado. Por el derecho solamente se ve una costura de montaje que marca el lugar de la abertura con cremallera. La cremallera se suele coser de este modo en una falda o en la espalda de un vestido para lograr un acabado bonito.

Planchar los bordes de la abertura desmintiendo unos 2 mm en uno de los dos pliegues a la altura de las puntadas de remate de la costura de montaje (fig. 1, en rojo).

Este desmentido permite tapar la costura de la cremallera y cambia en función del ancho y del grosor de la espiral de la cremallera. Si es estrecho, el pliegue no tapará la costura; si es demasiado ancho, el pliegue podrá volverse porque la costura quedará obligatoriamente más lejos del borde.

Aplastar ligeramente los dos pliegues de la abertura con la plancha y pasar un hilván a lo largo de ellos.

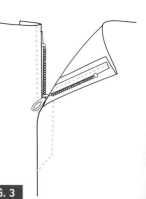

FIG. 1

Cerrar la cremallera y colocarla debajo del pliegue de la abertura, respetando el margen de arriba de la abertura. El tope de la cremallera deberá quedar a la altura de las puntadas de remate de abajo de la abertura (fig. 2).

Poner en la máquina el prensatelas de cremallera hacia la izquierda. Hacer la costura sobre el doblez, junto a la espiral (fig. 2A, en verde).

Terminar debajo de la abertura y dar unas cuantas puntadas de remate (fig. 2A, en rojo).

Subir el cursor y cubrir la cremallera con el segundo pliegue de la abertura. Comprobar que la costura de montaje de la abertura (ya hecha) quede cubierta completamente.

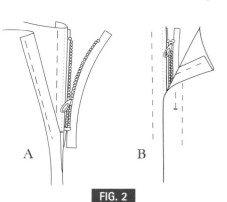

A   B

FIG. 2

Fijar el pliegue con la cinta de la cremallera prendiendo unos alfileres a lo largo de la abertura o pasando un hilván (fig. 2B).

Hacer luego una costura a máquina utilizando el mismo prensatelas (hacia la izquierda). Empezar la costura sobre el pliegue de la abertura a partir del tope de abajo de la cremallera.

Terminar la costura en curva o en pico (fig. 3, en verde). El ancho de la costura está condicionado por la distancia del borde a la que se encuentre el primer doblez de la abertura (sobre el que se coloca la cremallera). Asegurarse de hacer la costura junto a la espiral.

Quitar los hilvanes y planchar.

35

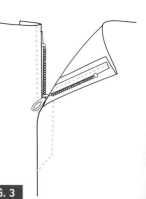

FIG. 3

Montaje simétrico de la cremallera

En casi todas las prendas de vestir, las cremalleras se cosen siguiendo este método. Es adecuado tanto para cremalleras prácticas (en el centro del delantero, por ejemplo) como para cremalleras que tienen una función decorativa (abertura de un bolsillo aplicado, por ejemplo).

Las costuras de montaje se realizan sobre el ancho de los pliegues de la abertura, a la misma distancia de los bordes en ambos lados.

Los pliegues se cosen igual para montar una cremallera en una abertura (en una falda, por ejemplo) que para montarla en dos partes separadas (en el centro de un delantero, por ejemplo).

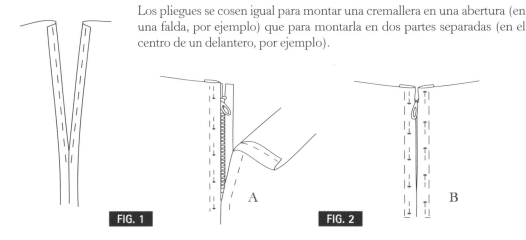

Para hacerlo, fijar los bordes a la distancia deseada: 2 cm en general.

Para mantener los bordes bien definidos, aplastarlos ligeramente con la plancha a fin de marcar la línea de doblez y luego pasar un hilván bastante separado del borde del pliegue (fig. 1).

Cerrar la cremallera y poner uno de sus laterales por debajo de uno de los dos pliegues, de manera que la línea de doblez quede en el centro de la espiral de la cremallera. Arriba de la abertura, el tope de la cremallera deberá quedar a la altura del margen de costura (ver pág. 31, fig. 1).

Asegurarse también de que el tope inferior de la cremallera quede 1 o 2 mm por arriba del remate de la costura de la abertura.

Prender la cremallera o hilvanarla (fig. 2A). Cubrirla con el segundo pliegue de la abertura, con cuidado de que los dos pliegues queden enfrentados. Prenderlo (fig. 2B).

Poner en la máquina el prensatelas de cremallera a la izquierda. Hacer una costura recta sobre el lateral izquierdo de la abertura con la cremallera abierta (si no se hiciera así, estorbaría el cursor).

La costura deberá hacerse a suficiente distancia del borde del pliegue; en general, esa distancia depende del ancho y del grosor de la cremallera, pero suele ser de 1 cm.

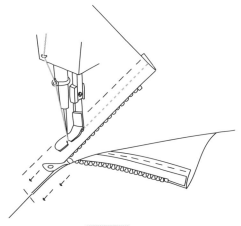

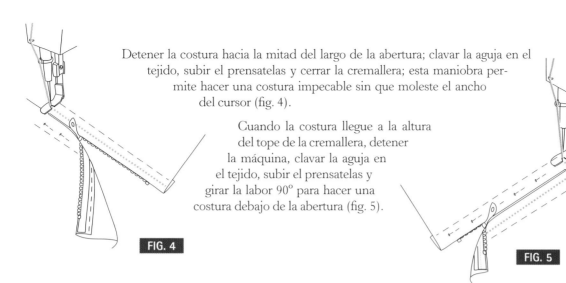

Detener la costura hacia la mitad del largo de la abertura; clavar la aguja en el tejido, subir el prensatelas y cerrar la cremallera; esta maniobra permite hacer una costura impecable sin que moleste el ancho del cursor (fig. 4).

Cuando la costura llegue a la altura del tope de la cremallera, detener la máquina, clavar la aguja en el tejido, subir el prensatelas y girar la labor 90° para hacer una costura debajo de la abertura (fig. 5).

FIG. 4

FIG. 5

Conviene saber

Para que la costura quede a la misma distancia de los bordes de los pliegues, a ambos lados de la abertura, contar simplemente las puntadas dadas a partir del ángulo hasta la costura de montaje de la abertura; luego, dar el mismo número de puntadas al otro lado de esa costura. Si se hace a ojo, no siempre sale bien.

Dar unas puntadas para pasar al otro lado de la abertura y seguir hasta llegar a la misma distancia del borde del pliegue que en el lado izquierdo (fig. 5).

A continuación, girar de nuevo 90° la labor y seguir haciendo la costura de montaje por el lado derecho.

Quitar los hilvanes. Planchar.

37

Consejo de modista

Esta técnica de montaje de una cremallera, bastante sencilla en su ejecución, tiene un punto débil, sobre todo si la cremallera se cose en un tejido elástico, puesto que la cremallera, las costuras y el tejido no ceden de igual manera. Las puntadas de remate de la costura a lo largo de la abertura mantienen las dos partes del tejido unidas pero, como esos elementos están continuamente sometidos a los movimientos del cuerpo, el hilo puede partirse o el tejido romperse en las costuras.

Por precaución, hay que reforzar la zona (a la altura del remate) mediante la aplicación de una gasilla termoadhesiva o una entretela que aumenten la resistencia de la abertura.

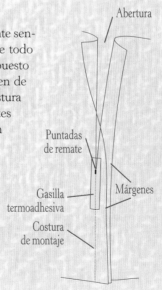

Abertura

Puntadas de remate

Gasilla termoadhesiva

Márgenes

Costura de montaje

Cremallera con tapilla interior (bragueta de pantalón)

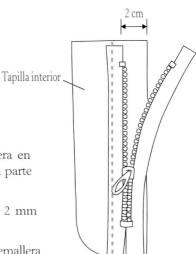

Este método de montaje de las cremalleras se utiliza, por lo general, en pantalones o en faldas vaqueras.

Como el pliegue que cubre la cremallera es ancho y los tejidos superpuestos quedan gruesos, la cremallera se coloca en un corte situado en el centro del delantero, rara vez en el centro de la espalda y casi nunca en un costado.

La tapilla interior permite variar el sistema de abertura (cambiando la cremallera por unos botones, por ejemplo) o aplicar métodos de montaje más o menos elaborados, como en un pantalón de calle para hombre o en la bragueta de un vaquero.

Margen de costura · Centro-pliegue · Sobre doblez · Tapilla interior

Patrón de la bragueta

FIG. 1

El patrón se compone de una tapilla interior, dibujada aparte, y de un pliegue de la abertura ensanchada. El largo de estos dos elementos es unos 2 cm más corto que el largo de la cremallera (fig. 1).

Montar la cremallera con la tapilla interior de manera que la costura quede en el borde de la cinta de la cremallera (fig. 2, en azul).

Esta costura de montaje sirve solamente para fijar la cremallera en la tapilla interior y facilitar así la etapa siguiente. En general, la parte visible de la tapilla mide unos 2 cm.

Doblar el pliegue de la abertura y desmentir el pliegue unos 2 mm (ver pág. 35, fig. 1).

Superponer el doblez del pliegue sobre el lateral de la cremallera cosido a la tapilla interior. Hacer una costura recta junto a la espiral (fig. 3, en verde). No importa dónde se termine esta costura de montaje: se puede detener a la altura del tope (fig. 3, en rojo) o continuarla hasta abajo de la tapilla.

2 cm

Tapilla interior

FIG. 2

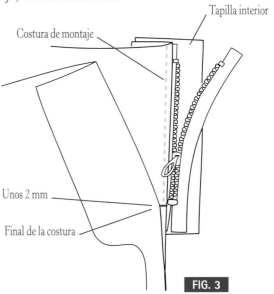

Tapilla interior

Costura de montaje

Unos 2 mm

Final de la costura

FIG. 3

38

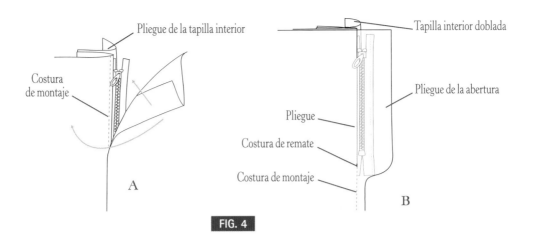

Pliegue de la tapilla interior

Costura
de montaje

Tapilla interior doblada

Pliegue de la abertura

Pliegue

Costura de remate

Costura de montaje

A

B

FIG. 4

Doblar la tapilla hasta la costura de montaje con la abertura y fijarla con dos o tres alfileres. Es necesario hacerlo para poder montar el segundo lateral de la cremallera con el otro pliegue de la abertura.

Poner la labor sobre una superficie plana, de manera que la cremallera quede por debajo. Cubrir la cremallera con el pliegue de la abertura (fig. 4A, en rosa). Comprobar que el doblez del pliegue quede superpuesto sobre la costura de montaje anteriormente hecha (fig. 4B, en azul por transparencia).

Prender el borde de la cremallera. Volver la labor hacia el revés de modo que la cremallera quede por encima (fig. 5).

Hacer la costura. No importa a qué distancia del borde se haga porque su misión solo es mantener fija la cremallera por este lado de la abertura. La costura de montaje se hará en la siguiente etapa.

Doblar de nuevo la abertura y volver la labor hacia el derecho.

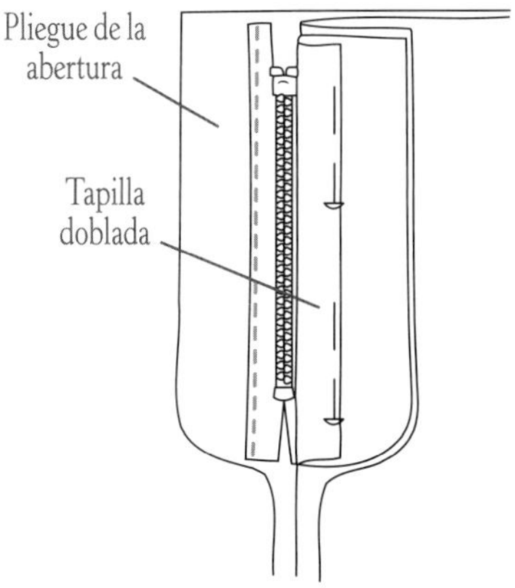

Pliegue de la abertura

Tapilla doblada

FIG. 5

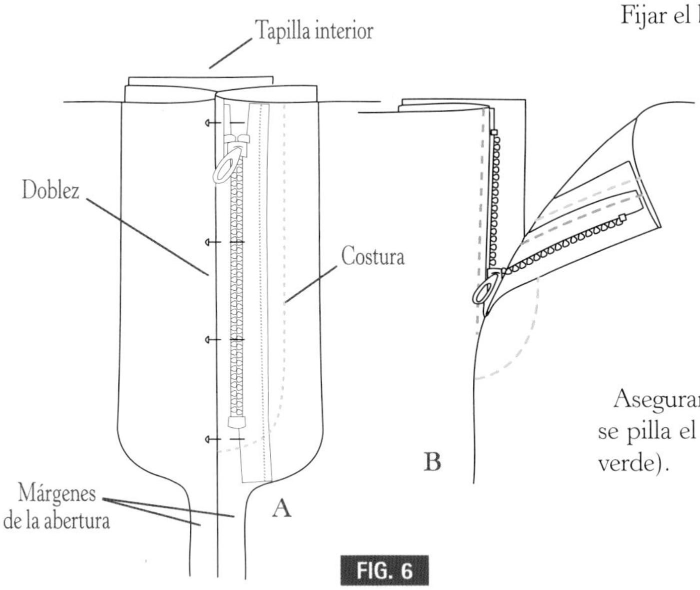

Tapilla interior

Doblez

Costura

Márgenes de la abertura

A

B

FIG. 6

Fijar el borde del pliegue de la abertura con unos alfileres, de modo que cubra por entero la cremallera y la costura de montaje.

Hacer una costura empezando por debajo del tope inferior de la cremallera y dibujar una curva o un pico del ancho deseado (en general, se hace a unos 2 cm del borde del doblez) (fig. 6A).

Asegurarse de que al hacer este montaje no se pilla el pliegue de la tapilla (fig. 6B, en verde).

Cambiar la cremallera de un vaquero

La mayoría de las operaciones necesarias para el montaje de una cremallera en un pantalón o en una falda vaquera se hacen con máquinas especiales (con doble aguja en el cabezal, por ejemplo).

Lo que sí se puede hacer utilizando medios menos industriales (con máquina industrial plana, por ejemplo) o en casa con máquina de coser portátil es cambiar la cremallera y restablecer después las costuras.

Para cambiar correctamente la cremallera de un vaquero es muy importante conocer antes la técnica de montaje (ver las págs. 38-39, Cremallera con tapilla interior).

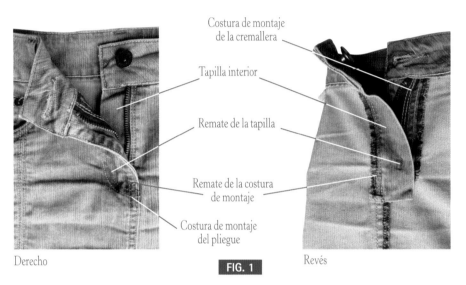

Costura de montaje
de la cremallera

Tapilla interior

Remate de la tapilla

Remate de la costura
de montaje

Costura de montaje
del pliegue

Derecho **FIG. 1** Revés

El montaje de la tapilla interior es una peculiaridad del vaquero: se fija con el pliegue de la abertura, a escasa distancia de este y empleando un punto en zigzag muy tupido, al contrario que el montaje de una cremallera en la bragueta de un pantalón (fig. 1).

No es muy difícil cambiar una cremallera cosida de este modo, pero hay que tener mucho cuidado al deshacer la costura en zigzag para no dañar el tejido.

Otro obstáculo se encuentra en la parte alta de la cremallera, que queda pillada en la costura de montaje de la cinturilla (ver pág. 34, fig. 6).

La abertura queda rematada por la cinturilla, que lleva en sus extremos unos automáticos (o un botón y un ojal). Esto es lo que, en general, plantea un problema e impide descoser y luego rehacer correctamente la costura una vez que la cremallera se ha cambiado.

Pero, incluso teniendo en cuenta todos estos inconvenientes, cambiar la cremallera de un vaquero no es muy complicado siempre que las etapas del trabajo se ejecuten por orden.

En primer lugar, descoser con mucho cuidado la costura en zigzag que une la tapilla interior con el segundo lateral de la abertura (fig. 1), por el revés; así queda al descubierto todo el largo de la abertura y se tiene acceso a las costuras de montaje.

Descoser
el remate

FIG. 2

40

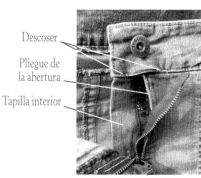

Descoser

Pliegue de
la abertura

Tapilla interior

Vista del lado
de la tapilla

FIG. 3

Descoser

Pliegue

Vista del lado del
pliegue de la abertura

FIG. 4

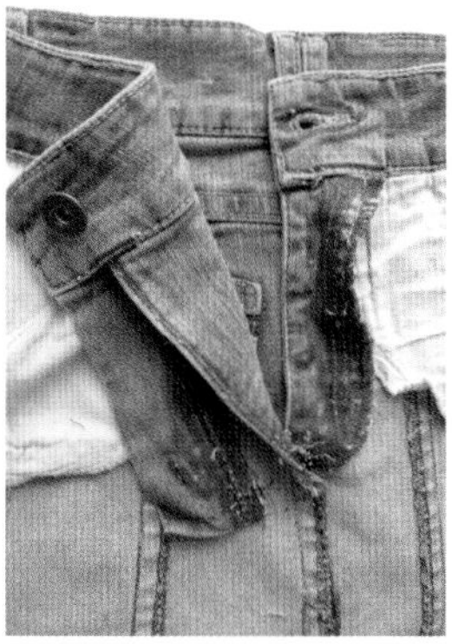

FIG. 6

A continuación, deshacer la costura de montaje de la cinturilla en un largo que luego permita descoser la cremallera (en general, bastan 2 o 3 cm) (fig. 3). Dejar sin descoser aproximadamente 1 cm de la costura en donde la cinturilla se une con la tapilla interior.

Separar la cremallera, la tapilla y el pliegue de la abertura deshaciendo las costuras. Este montaje suele ir cosido en dos veces: primero, fijar la cremallera en la tapilla y luego unir con el pliegue de la abertura. Limpiar de hilos la parte descosida.

Deshacer la costura de montaje de la cinturilla al otro lado de la abertura, de manera que el pliegue de esta cogido en la costura quede descosido totalmente, dejando sin descoser 1 cm aproximadamente en el borde.

FIG. 5

Después, deshacer la doble costura decorativa que monta el pliegue (fig. 1) y separar la cremallera (fig. 4). Limpiar de hilos las partes descosidas (fig. 5).

La cremallera de sustitución debe tener exactamente el mismo largo que la de origen.

Por el revés de la prenda, hacer una costura sobre la cremallera y el pliegue de la abertura (fig. 6), de manera que el pliegue no quede unido con su fondo (ver también pág. 39, fig. 4).

Volver la prenda del derecho y extender el pliegue de la abertura, situando la cremallera ya cosida por debajo. Prender con alfileres para mantener el pliegue.

Hacer una doble costura que vaya desde las puntadas de remate de debajo de la abertura y hasta arriba del pliegue.

Al otro lado de la abertura, colocar la cremallera aún abierta encima de la tapilla interior y cubrirla con el pliegue de la abertura, situándolo junto a la espiral (fig. 7).

Hacer una costura recta en el borde del pliegue para unir la tapilla interior, la cremallera y el pliegue.

Después, hacer unas costuras cortas en el pliegue de la cinturilla y en los bordes de la abertura, asegurándose de que los elementos de la abertura queden pillados con la costura.

Terminar con una costura en zigzag hecha donde estuviera la original (fig. 1) y respetar la colocación de la tapilla por debajo.

FIG. 7

41

Botones

Botón con agujeros

Botón con cuello

El botón es un elemento de la prenda que cumple una misión tanto funcional como decorativa. Se cose a mano o a máquina, normalmente sobre un tejido en doble y con un hilo fuerte.

Existen botones de todas las formas, colores y materiales y de diversos diámetros. En general, los botones se pueden agrupar en dos grandes categorías: botones con agujeros y botones con cuello.

Coser un botón

Un botón descosido no siempre deja la marca de su antiguo emplazamiento.

Para indicar el lugar que debe ocupar el botón frente al ojal, cerrar la prenda abrochando los demás botones y enhebrar una aguja con hilo fuerte, haciendo un nudo en un extremo del hilo.

Pinchar la aguja en el centro del ojal, de manera que atraviese el tejido doble de debajo. Tirar de la aguja y del hilo; de ese modo, el nudo del extremo quedará en el emplazamiento original del botón. Desabrochar la prenda.

En lugar de esta técnica sencilla y rápida para hallar el emplazamiento de los botones con una aguja lista para coser, se puede hacer una marca con jaboncillo o con un lápiz.

Una vez determinado el emplazamiento, pinchar la aguja en el tejido desde el revés, saliendo por el derecho de la labor.

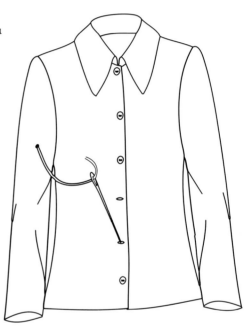

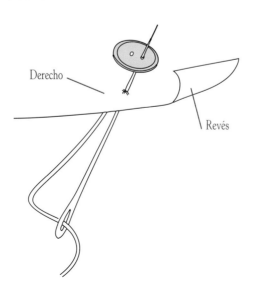

Derecho

Revés

Colocar el botón y atravesar uno de sus agujeros o su cuello (según la clase de botón que se haya elegido) con la punta de la aguja. Tirar del hilo.

Coser botones con agujeros

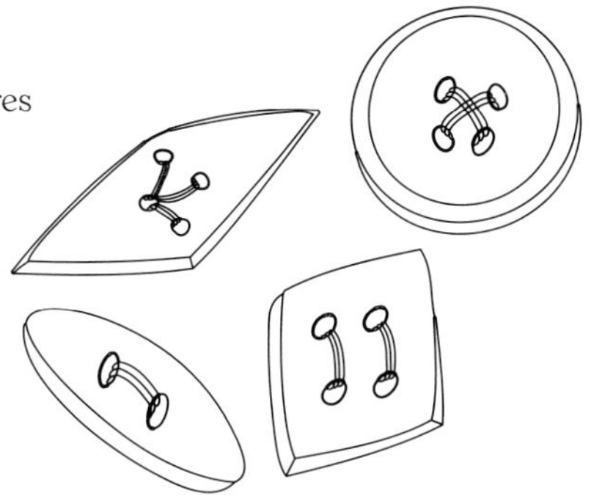

Los botones que se utilizan con más frecuencia tienen dos, tres o cuatro agujeros perforados en el centro (ya sean de forma redonda, cuadrada, triangular, etc.).

El hilo con el que se fija el botón en la prenda puede pasar por los agujeros de distintas maneras: en paralelo, en cruz, en triángulo, como cada uno prefiera o le dicte su imaginación. Cualquiera que sea el modo de situar el hilo entre los agujeros, la técnica de cosido de los botones perforados es siempre la misma.

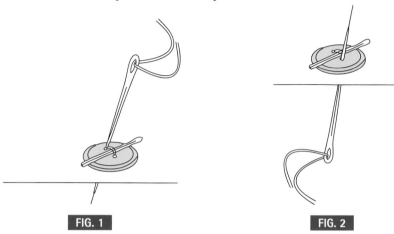

FIG. 1

FIG. 2

El botón no debe quedar pegado a la superficie del tejido. Hay que dejar un pequeño espacio, entre el botón y la prenda, que varía según el grosor del tejido donde va el ojal (que quedará entre el botón y su base cuando el botón esté abrochado).

Para que ese espacio sea el mismo en todos los botones, se coloca una cerilla o una aguja gruesa encima del botón.

Pasar la aguja por uno de los agujeros del botón, sacarla por el otro lado del tejido (fig. 1) y volver a pasarla por otro agujero para salir (fig. 2).

Repetir la operación pasando el hilo por encima de la cerilla.

Retirar la cerilla o la aguja gruesa, tirar del botón hacia arriba para que aparezca el cuello, hecho de hilos pasados, entre el botón y el tejido.

Salir con la aguja por debajo del botón, junto al cuello de este, y dar varias vueltas con el hilo alrededor del cuello (fig. 3).

Terminar de fijar el botón, por el revés de la labor, dando dos o tres puntadas de remate.

FIG. 3

Coser botones con cuello

En esta clase de botones, el cuello forma parte del propio botón. Su altura varía para que, una vez abrochado el botón, el cuello pueda adaptarse al grosor específico de cada tejido.

Estos botones son más fáciles de coser que los de agujeros. Existen varias técnicas para hacerlo, según la calidad o el grosor del tejido, o según el lugar, más o menos accesible, donde se vaya a situar el botón. Aquí se presentan los tres métodos más habituales.

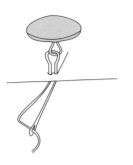

1. Esta técnica sencilla de coser botones se suele aplicar en tejidos rígidos y gruesos.

El principio de este modo de coser un botón de cuello es igual al de los botones con agujeros.

Pinchar la aguja en el tejido, atravesándolo, pasarla por la anilla del cuello del botón y volver a pinchar en el tejido, de modo que la aguja salga por el otro lado de la labor.

En un tejido grueso o rígido

Repetir esta operación varias veces.

2. Si la textura del tejido lo permite (fluida y fina, por ejemplo), se puede formar un pliegue en el borde.

Situar el cuello del botón sobre el tejido y dar las puntadas solamente por el derecho de la labor: pinchar el tejido junto al cuello del botón, pasar la aguja por la anilla del cuello.

Tirar del hilo y repetir esta operación varias veces.

En un tejido fino o fluido

Terminar la costura dando unas puntadas de remate por el revés de la labor.

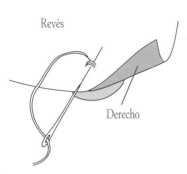

Revés

Derecho

En un tejido transparente

3. Esta técnica de cosido de botones con cuello se puede utilizar en un tejido fino y transparente, como por ejemplo la organza.

Los puntos de costura se dan por el revés de la labor: pinchar el tejido junto al cuello del botón, pasar por la anilla del cuello y salir con la aguja por el otro lado del cuello.

Tirar del hilo y repetir esta operación varias veces.

Terminar dando unas puntadas de remate.

44

Reforzar el cosido de un botón

En algunos tejidos frágiles (como la seda fina, por ejemplo) o en tejidos algo abiertos (como el lino), hay que reforzar el cosido de los botones. A fuerza de abrochar y desabrochar la prenda, el hilo fuerte o la hebra doble que se utilizaron para coser el botón dañan la tela, aunque esté doble, y al final se cae el botón dejando un pequeño agujero en su lugar.

Para proteger el tejido y evitar que el botón se descosa con facilidad, hay que aplicar por el revés de la labor otro botón de diámetro menor.

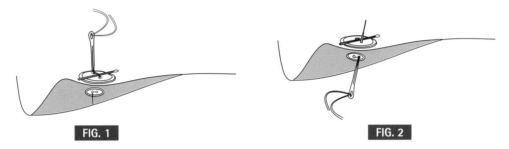

Atravesar con la aguja el agujero del botón principal (el del derecho de la prenda), luego atravesar el tejido y por último, uno de los agujeros del botón de debajo. Tirar ligeramente de la hebra (fig. 1).

Poner una cerilla o una aguja gruesa sobre el botón (ver pág. 43, figs. 1 y 2) para poder formar un cuello.

Al volver, pasar la aguja por el segundo agujero del botón de debajo, atravesar el tejido y salir por otro agujero del botón principal. Tirar de la hebra (fig. 2).

Repetir esta operación tres o cuatro veces.

Retirar la cerilla y seguir las indicaciones de la página 43, fig. 3, para terminar de reforzar el cosido del botón.

45

Conviene saber

Para evitar el peso de los botones en un tejido ligero y fluido como la muselina o la organza, se puede aplicar una gasilla termoadhesiva o un trozo de percal por el revés de la prenda con el fin de reforzar las puntadas.

En ese caso hay que comprobar que el tamaño de la gasilla o del percal no sea mayor que el diámetro del botón para que no se vea por transparencia desde el derecho de la prenda.

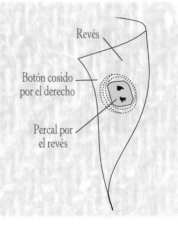

Revés

Botón cosido por el derecho

Percal por el revés

Bolsillos

El bolsillo es un elemento de la prenda que puede ser decorativo o funcional. Los bolsillos decorativos no están sometidos a deformaciones; en cuanto a los bolsillos útiles, tienen algunas partes frágiles, como la abertura y el fondo del saco, cualquiera que sea su forma o la estructura de su construcción (bolsillos interiores o aplicados).

Aunque los fabricantes tomen precauciones (ver más abajo), es muy frecuente que un bolsillo se agujeree, que se rompa la esquina de la abertura, que se deforme el vivo, que "boquee" el bolsillo al dar de sí el borde, etc.

Conviene saber

Para evitar roturas y deformaciones, normalmente se prevén los elementos necesarios en la construcción y montaje, por ejemplo reforzando los bordes de la abertura con una tela o entretela termoadhesiva o utilizando un tejido adaptado (resistente) para el saco del bolsillo.

Entretela termoadhesiva

La entretela termoadhesiva es una tela cubierta por el revés de un material adhesivo. Existe una gran variedad de termoadhesivos, con distinto tipo de tejido, y se debe elegir el que mejor se adapte a las características de la parte de la prenda que le sirve de base, como el cuello, el puño o la cinturilla, o al tipo de tela si se trata de una tapicería (tela de lencería, tejido transparente).

También se elige el termoadhesivo según su resistencia a los distintos tratamientos que se apliquen durante la confección, uso y mantenimiento de la prenda. Si no se tienen en cuenta esos parámetros, las zonas con termoadhesivo sufren una deformación permanente, pudiendo despegarse la tela o produciendo ondulaciones del tejido en esa zona.

Cintilla al hilo

La cintilla al hilo es una cinta tejida con trama y urdimbre, con hilos finos y resistentes. Se vende en distintos anchos. Es insustituible para mantener la forma del canto de un tejido cortado al bies, impidiendo que se deforme: en la curva de la sisa, de un escote o de la abertura de un bolsillo, por ejemplo. Si es de tejido transparente, resulta discreta y sólida y se puede aplicar en las costuras de cualquier tejido, con frecuencia combinada con un termoadhesivo.

Cinta elástica

A veces se aplica una cinta elástica en el pliegue de la abertura del bolsillo para que el borde no ceda. Es una solución (entre otras) muy eficaz y muy bonita. El elástico queda cosido por dentro del doblez.

En general, esta técnica se utiliza en el borde de un bolsillo cortado al hilo o al bies en línea recta (sin formas) y con el borde doblado para evitar el volumen de una costura de montaje con una vista.

46

Borde distendido

La abertura de un bolsillo funcional de cualquier tipo (aplicado o interior) tira hacia abajo por el peso de su contenido (siempre se guarda algo en los bolsillos). En tejidos frágiles, no muy rígidos, la abertura de la parte exterior acaba por quedar distendida, aunque el bolsillo esté vacío, hasta el punto de que a veces llega a verse la costura de la vista. Por eso, algunas prendas se ponen a la venta con la abertura del bolsillo cerrada por una costura provisional.

Esa costura provisional no resulta demasiado molesta en prendas deportivas o en blusones, pero si se trata de modelos elegantes de chaquetas o abrigo, altera la línea general.

Antes de emprender un arreglo como los que se describen a continuación, se empieza por extender la prenda y alisarla, subiendo el borde de la abertura a su sitio original para comprobar si se ha dado de sí o si continúa ajustado a la base. Si no está dado de sí, basta con poner un botón o un trocito de velcro en el centro de la abertura.

Si el borde está dado de sí, hay que reducir el ancho de la abertura dando unas puntadas por dentro del borde (para que no se vean), en los dos extremos, cuidando que el bolsillo siga resultando cómodo y la abertura corresponda al ancho de la mano.

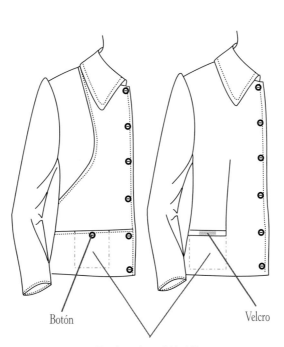

Botón

Velcro

Emplazamiento del bolsillo

Reparar un bolsillo aplicado (de parche)

Un bolsillo aplicado, como va cosido sobre la prenda y no integrado en un corte, resulta frágil y está expuesto a que el borde se deforme, a que se pase el saco o a que se rompan las esquinas.

Bolsillo caído

De entre todos los tipos de bolsillos aplicados (con fuelle, fruncidos, con pliegues, etc.), los más propensos a deformarse son los bolsillos aplastados, construidos sin elementos decorativos y en un tejido frágil.

El saco del bolsillo va pegado al soporte y la ausencia de volumen interno hace que tire hacia abajo, deformando el borde de la abertura.

En alta costura, este tipo de bolsillos (aplastados) se refuerzan con un forro; en las prendas de confección, en general, solamente se pone termoadhesivo en el borde de la abertura.

Para arreglar estos bolsillos aplicados existen varias soluciones técnicas: forrar o poner entretela termoadhesiva en el saco, poner una cremallera, etc.

Determinar la forma del bolsillo

Cualquiera que sea la técnica elegida, lo primero que hay que hacer es quitar el bolsillo, descosiéndolo con mucho cuidado para no dañar la prenda.

Marcar el emplazamiento original del bolsillo en el tejido de base con alfileres, con jaboncillo o pasando un hilván. Marcar también de igual modo las líneas de doblez del bolsillo para poder restablecerlas después.

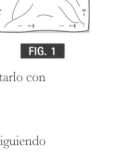

FIG. 1

Dibujar el contorno del bolsillo sobre una base de tela con apresto, como por ejemplo un percal (fig. 1, en rosa).

Después, una vez descosido y bien limpio el bolsillo, prenderlo casando sus bordes con las líneas del rectángulo dibujado.

Humedecer con la plancha de vapor o con un paño mojado el bolsillo fijado sobre la base rígida, para que el tejido quede más blando y distendido; luego apretarlo con los dedos para aplastar su superficie.

Planchar y dejar secar del todo para que el tejido del bolsillo tome la forma dada.

Retirar los alfileres y formar los dobleces originales (aplastándolos con la plancha) siguiendo las marcas de los alfileres, del jaboncillo o del hilván.

Aplicar entretela termoadhesiva

Si se ha elegido mantener la forma del bolsillo con una entretela termoadhesiva, aplicar esta por el revés de la tela, hasta el límite de los dobleces, para evitar volumen en las costuras (fig. 2, en verde).

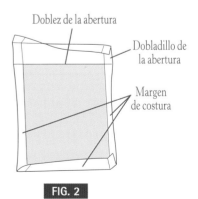

Doblez de la abertura

Dobladillo de la abertura

Margen de costura

FIG. 2

48

Aplicar una cremallera

Otro método para impedir que un bolsillo aplicado se deforme, es poner una cremallera en la abertura. De este modo, la parte baja del bolsillo queda retenida por la cremallera.

En primer lugar, descoser el bolsillo con mucho cuidado para no dañar la prenda.

Marcar el emplazamiento original del bolsillo en el tejido de base con un hilván, con alfileres o con jaboncillo (fig. 3, en azul).

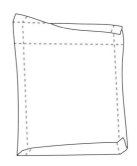

Marcar también, de igual forma, las líneas de los dobleces del bolsillo para que después sea posible restablecerlas (fig. 4, en azul).

Determinar y ajustar la forma del bolsillo siguiendo las indicaciones de la página 48.

El bolsillo se divide en dos partes, según su altura (largo), para poder incluir la cremallera en ese corte.

FIG. 4

Para mantener el mismo tamaño de bolsillo marcado previamente en la prenda, añadir, a partir de la línea de doblez, la medida de los márgenes de costura de montaje de la cremallera y el margen del doblez (1 + 1 cm, por ejemplo) para cada parte del bolsillo (la de arriba y la de abajo), más 1 cm para el doblez.

Dibujar en la medida añadida una línea paralela a la línea de doblez y cortar por ella (fig. 5, en verde).

Medida que se añade

Doblez de la abertura

Largo del bolsillo

FIG. 5

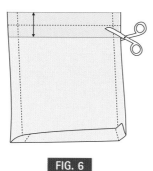

Para poder colocar la cremallera, hay que dividir la altura del bolsillo en dos partes. Para ello, medir unos 3 cm a partir del borde de arriba del bolsillo y dibujar una línea paralela a ese borde (fig. 6, en azul). Esta medida puede aumentarse o reducirse dependiendo del efecto que se desee conseguir. Si se sitúa más abajo, se reduce la profundidad del bolsillo y viceversa.

Cortar luego el bolsillo siguiendo la línea dibujada.

FIG. 6

Marcas del emplazamiento del bolsillo

Bolsillo deformado

FIG. 3

49

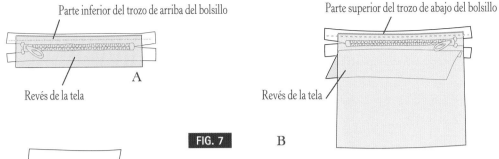

Parte inferior del trozo de arriba del bolsillo

Parte superior del trozo de abajo del bolsillo

Revés de la tela

A

Revés de la tela

FIG. 7

B

FIG. 8

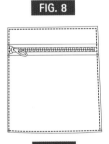

FIG. 9

50

FIG. 10

Preparar la cremallera que corresponda al ancho del bolsillo (sin contar los márgenes), situar la parte de arriba del bolsillo sobre una de las cintas de la cremallera (fig. 7A).

Hacer una costura recta a la distancia del margen prevista (fig. 7, en rosa).

Montar la parte de abajo del bolsillo con la cinta del otro lado de la cremallera (fig. 7B).

Aplastar con la plancha las costuras de montaje del bolsillo con los dos lados de la cremallera: la parte de arriba y la de abajo (fig. 8).

Luego, siguiendo el hilván hecho anteriormente, doblar los márgenes de costura alrededor del bolsillo. Mantener estos dobleces pasando un hilván por el borde (fig. 9, línea de puntos).

Para facilitar la etapa siguiente, aplastar los bordes con el calor de la plancha. Ese doblez de los bordes debe situarse junto a los remates de la cremallera para que no quede un agujero en cada extremo de esta.

Montar el bolsillo sobre la prenda en su emplazamiento original, haciendo un punto raso todo alrededor, a igual distancia que antes de los bordes.

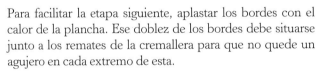

Conviene saber

En el ejemplo presentado la espiral de la cremallera queda visible, pero la cremallera se puede montar con distintas técnicas: costura simétrica, asimétrica y escondida bajo un vivo. La elección de uno u otro montaje depende del gusto de cada uno.

Es importante que el largo de la cremallera corresponda exactamente con el ancho del bolsillo.

Esquinas rotas

Las esquinas de los bolsillos aplicados suelen romper el tejido, sobre todo si este es frágil debido a la estructura de los hilos, como ocurre por ejemplo en el punto.

Estos rotos tienen difícil solución, excepto si se hace una reparación "artística", muy costosa, en un taller de confección; esta no deja ninguna señal de los agujeros, ya que se rellenan de manera que el añadido se confunda con la estructura del tejido.

En casa se puede disimular el roto y, sobre todo, aplicarle una protección para que no se haga mayor.

El ejemplo elegido para efectuar este tipo de reparación es aplicable a otros casos particulares; solo hace falta usar la imaginación y la creatividad.

Volver la labor del revés y, con unas puntadas a mano, reducir el agujero juntando los bordes con el hilo. No hay que apretar mucho el hilo porque las puntadas sirven solamente para mantener el tejido roto a su tamaño.

Cortar un trozo de tela termoadhesiva de tamaño suficiente para cubrir totalmente el agujero (fig. 1, en verde).

La tela termoadhesiva se puede sustituir por una tela firme, con hilos de trama y urdimbre, que se fija con unas puntadas a máquina alrededor del pico del bolsillo (fig. 2, puntos azules) y con unas puntadas a mano en la zona situada sobre el bolsillo (fig. 2, puntos verdes).

51

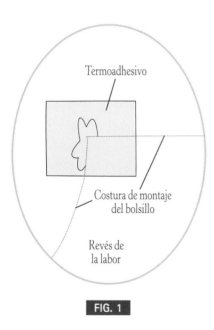

FIG. 1

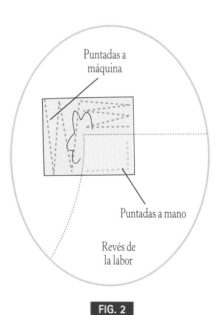

FIG. 2

Arreglos corrientes

  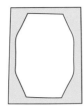 

FIG. 3

Dibujar en un papel el contorno exacto de la pieza termoadhesiva aplicada sobre el revés de la labor (fig. 3, cuadrado verde).

En ese marco dibujar la forma deseada (fig. 3, en blanco).

Recortarla por la línea dibujada. Esa forma debe corresponder al estilo de la prenda porque se verá por el derecho. En ningún caso deberá sobrepasar el contorno del termoadhesivo.

Con ese patrón, recortar la forma en el tejido o material elegido (por ejemplo, cuero).

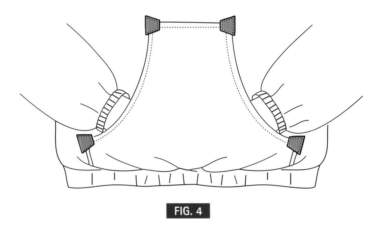

FIG. 4

Colocar el trocito de tejido o material recortado sobre el derecho de la labor, de manera que cubra por completo el parche termoadhesivo pegado por el revés.

Fijarlo haciendo una costura recta todo alrededor, con cuidado de no rebasar los bordes del parche termoadhesivo.

Reparar un bolsillo viveado

Borde distendido

Para rellenar el agujero que queda después de cortar la abertura para un bolsillo, se aplica un vivo sencillo (fig. 1A) o doble (fig. 1B).

A veces, la parte inferior de la abertura queda distendida porque no existen elementos que refuercen el borde del vivo, como una tela, una cintilla al hilo o una gasilla termoadhesiva (ver pág. 46).

Si es así, basta con meter una cintilla al hilo por dentro del vivo para embeber el tejido distendido en el borde y después aplastarlo con la plancha caliente.

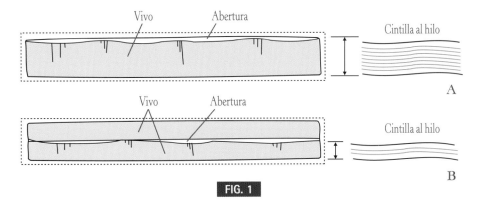

FIG. 1

En lugar de cintilla al hilo, en este caso particular puede utilizarse una cinta fina de un ancho inferior en unos 2 mm al ancho del vivo.

El vivo es una tira de tejido cortada al hilo, doblada y aplastada con la plancha. Su tamaño depende de las medidas de la abertura del bolsillo.

Fijarlo cosiéndolo al margen inferior de la abertura del bolsillo. A lo largo y a lo ancho se monta con los pequeños triángulos que se forman al cortar los dos extremos de la abertura.

Para poder acceder a la entrada del doblez del vivo, se descose la costura hecha en los pequeños triángulos de los dos extremos de la abertura (fig. 2, puntos azules).

Esta etapa de la labor es muy importante porque la parte tratada es muy frágil, ya que el borde del tejido cortado en forma de triángulo se deshila con facilidad. Hay que deshacer esa costura con mucho cuidado.

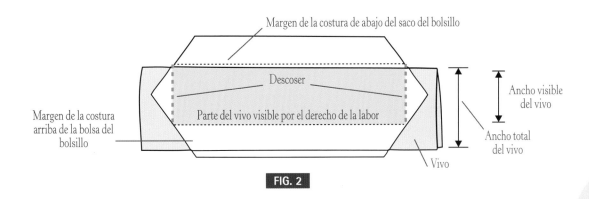

FIG. 2

Cortar la cinta al hilo. Debe ser 2-3 cm más larga que el vivo para facilitar las operaciones siguientes (fig. 3).

Prender un imperdible en un extremo de la cinta y pasar esta por dentro del doblez del vivo (fig. 3). Procurar mantenerla bien recta para que no se retuerza por dentro.

Fijarla a un lado con un alfiler (fig. 4) y volver la labor hacia el derecho para ajustar el largo de la cinta con el de la abertura del bolsillo, asegurándose de que el vivo no quede muy estirado.

Mantener el largo prendiendo un segundo alfiler en el otro extremo de la abertura (fig. 4).

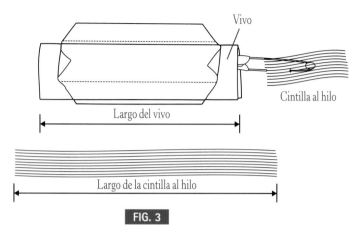

Establecer la costura de montaje del vivo con los pequeños triángulos en los dos extremos de la abertura, aplicándola en su sitio original.

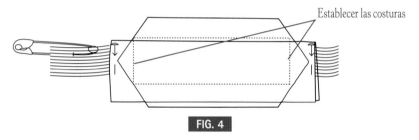

Planchar esta parte del bolsillo con un paño húmedo o con el vapor de la plancha para estirar bien el tejido y después, aplastar el borde doblado del vivo.

Consejo de modista

En el corte de la abertura del bolsillo, las zonas más frágiles son los bordes de los pequeños triángulos situados en ambos extremos. Y aún quedan más débiles al descoser y volver a hacer la costura en el mismo sitio.

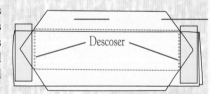

Para que esos bordes no se deshilen se aconseja, antes de emprender las etapas de reparación, reforzar esa zona aplicando un trocito de tela termoadhesiva fijado con la plancha justo en el borde de la costura de montaje (en verde).

Con esta precaución quedan protegidos los bordes y se podrá deshacer y volver a hacer la costura de montaje con mayor facilidad, puesto que no hay peligro de cambiar el lugar original de los pequeños triángulos.

Esquinas rotas

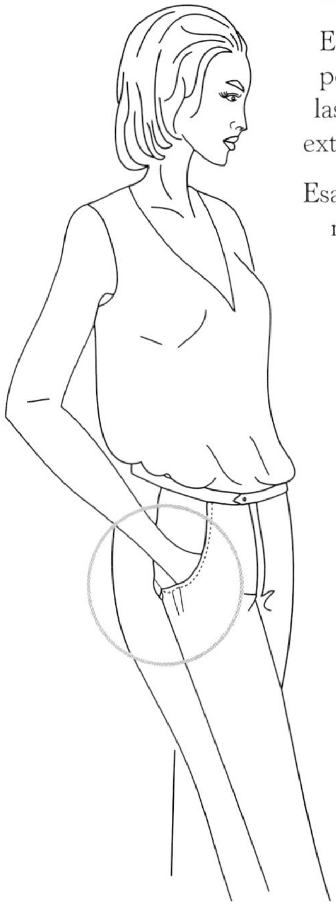

En general, el borde de la abertura de este modelo de bolsillo no se da de sí porque lo refrena la cintilla al hilo. Sin embargo, en las prendas ajustadas en las caderas, como un pantalón o una falda, la costura de montaje cede en los extremos del borde del bolsillo en el costado o en la cintura.

Esa costura se rompe porque el ancho no cede ni tiene holgura suficiente. Al meter la mano en el bolsillo, se tira de la abertura y esta, al no ceder, tira a su vez de las costuras de montaje. Si esa zona frágil no se refuerza, los hilos se parten. Reparar esos rotos en la costura es bastante fácil.

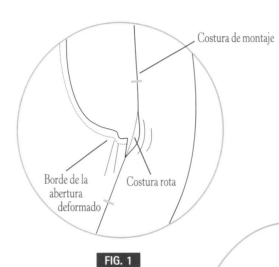

Costura de montaje

Borde de la abertura deformado

Costura rota

FIG. 1

Volver la labor del revés para tener acceso cómodo a los bordes de la costura de montaje del bolsillo ya descosido.

En general, esos bordes del bolsillo quedan cogidos en la costura de montaje del costado en un trecho de 2 a 3 cm (esta medida depende de la forma que se haya establecido al confeccionar la prenda). Si es necesario, se descosen unos 5 cm hacia abajo y unos 5 cm hacia arriba a partir del borde del bolsillo (fig. 1, en verde).

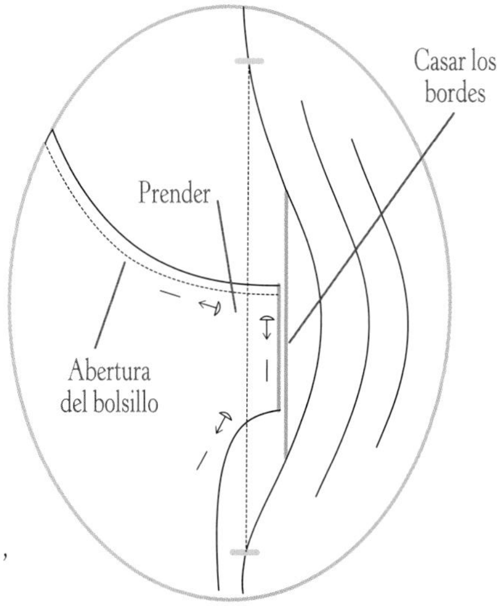

Casar los bordes

Prender

Abertura del bolsillo

FIG. 2

Limpiar y aplastar con la plancha el borde del bolsillo y los márgenes de la costura del costado.

Siempre por el revés de la labor, poner la parte del bolsillo extendida y casar los bordes: el del bolsillo (que mide de 2 a 3 cm) y el de la labor, alisando el borde de la abertura del bolsillo para que no forme arrugas ni pliegues (fig. 2, en azul).

Prender esa parte del bolsillo o hilvanarla para mantener el bolsillo en su sitio.

Cubrir el bolsillo con la segunda parte de la labor, de manera que los márgenes de costura del montaje queden alineados.

Sujetar con un hilván o con alfileres. Si en la etapa anterior se han prendido los alfileres en el borde del bolsillo, quitarlos; el hilván se puede quitar al final del arreglo.

Establecer la costura de montaje haciéndola coincidir con la costura anterior; comenzar por la zona de arriba y seguir hacia abajo (fig. 3, entre las dos rayitas verdes), manteniendo la distancia original al borde.

Para esta etapa, ver Antes de empezar, página 8, para elegir los hilos, los puntos de costura, para adaptar la limpieza, el remate de los bordes, etc.

Quitar los alfileres o el hilván, volver la labor del derecho y plancharla.

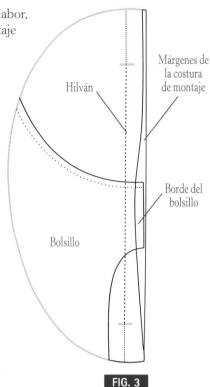

FIG. 3

Consejo de modista

Existe una técnica muy eficaz para evitar que se deshagan las costuras establecidas en los extremos del borde de la abertura de un bolsillo cogido en el corte: protegerlos con unos remaches decorativos en el borde (fig. A) o con un zigzag (fig. B).

El borde de la abertura del bolsillo no tira directamente de la costura de montaje porque está bloqueado. Este modo de proteger las costuras es muy fiable y resistente, incluso en prendas muy ajustadas, porque se aplica sobre un volumen de tejido importante (por lo menos, de 4 a 6 capas de márgenes de costura).

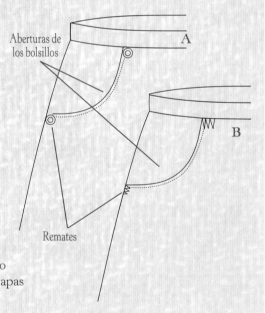

Cambiar el forro de un bolsillo

Para tener la medida exacta del forro de un bolsillo aplicado (los bolsillos en un corte solo tienen saco de bolsillo), doblar el pliegue de la abertura. Medir el largo hasta el doblez, añadiendo la medida del margen de costura, cuyo ancho es igual al del bolsillo (fig. 1, cuadrado azul).

Cortar el forro del bolsillo de una tela fina y fuerte, realizando el corte al hilo de la tela. No olvidar marcar la muesca de montaje (fig. 1, en rojo).

Montar el forro con el doblez de arriba del bolsillo, a la distancia prevista del borde, y planchar los márgenes abiertos (fig. 2).

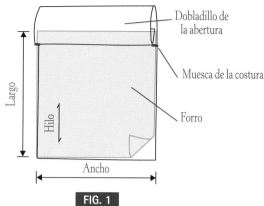

Dobladillo de la abertura

Largo

Hilo

Muesca de la costura

Forro

Ancho

FIG. 1

FIG. 2

Siempre por el revés de la labor, casar los bordes del largo y del ancho de la pieza del forro con la del tejido. Prender.

Hacer una costura recta todo alrededor, menos en el doblez de la abertura, dejando una pequeña abertura de unos 3 a 4 cm abajo del bolsillo para volver la labor del derecho (fig. 3, en rojo).

El largo de esa abertura depende del grosor del tejido. Los dos extremos de la abertura se deben rematar con unas puntadas para que la tela no se deshile.

Volver el bolsillo del derecho por la abertura de abajo, con cuidado de no romper o deshacer las costuras de montaje. Planchar los bordes del bolsillo. Doblar hacia dentro los bordes de la abertura, procurando que la línea de doblez quede recta.

Situar el bolsillo en el emplazamiento que tenía originalmente la prenda. Fijarlo con alfileres y hacer una costura de montaje a la distancia de los bordes prevista (fig. 4, en rosa).

La costura de montaje hecha a los dos lados de la abertura del bolsillo se puede rematar con unas puntadas en el borde (fig. 4, dentro del círculo verde) o formando con la costura un pequeño triángulo (fig. 4, dentro del círculo azul).

Hay que señalar que las puntadas de remate se utilizan en general para montar bolsillos decorativos, ya que se trata de una costura que no es demasiado resistente. Por el contrario, en los bolsillos funcionales es preferible hacer la costura formando un pequeño triángulo en el borde del largo de la abertura (de 0,5 a 1 cm), pues es más resistente.

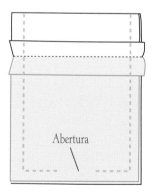

Abertura

FIG. 3

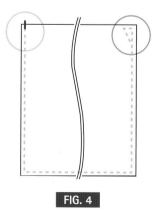

FIG. 4

57

Reparar el saco de un bolsillo

Cuando se agujerea el fondo del saco de un bolsillo casi siempre se debe a una rotura del hilo de la costura de los bordes. Para solucionarlo, basta con rehacer la costura respetando el ancho de los márgenes.

Sin embargo, si los bordes se han deshilado y hay que repararlos o si el agujero se debe a la rotura de la tela, hay que cambiar el saco del bolsillo, pues si únicamente se hace una costura en los bordes rectificados, se modifica la profundidad y la forma del bolsillo.

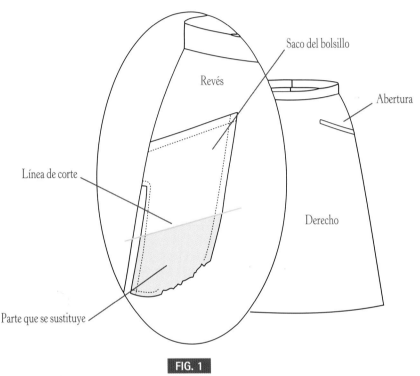

FIG. 1

Descoser y montar los elementos de abertura del bolsillo no es tarea fácil. Para simplificar el arreglo, en lugar de cambiar el saco completo del bolsillo, se puede sustituir únicamente la parte defectuosa.

Para hacerlo, volver la prenda del revés. El saco del bolsillo es independiente de la prenda, solo los bordes de arriba están fijados a la abertura; así resulta más fácil trabajar.

Si es necesario, planchar y doblar la labor de manera que el bolsillo quede plano y liso.

Con regla y jaboncillo dibujar una línea, a la altura necesaria, cuidando de abarcar por completo la parte defectuosa (fig. 1, en verde).

Cortar por la línea dibujada (fig. 2, en verde).

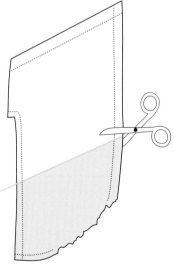

FIG. 2

Es importante que la parte nueva tenga la misma forma que la de origen, por eso se hace un patrón siguiendo el contorno del segundo bolsillo (ver pág. 57).

Añadir un margen de costura por el borde cortado, pero asegurándose de multiplicar la medida por dos: para que los bolsillos queden iguales, añadir margen a las dos partes cortadas (parte de arriba y parte de abajo del bolsillo). En la parte de arriba es imposible añadirlo; por eso, si se ha previsto hacer la costura de montaje a una distancia de 1 cm, añadir 2 cm al borde del patrón dibujado para la parte baja.

Cortar dos veces el patrón en la tela elegida. Si es posible, elegir una tela de igual calidad que la de origen.

Descoser los dos lados de los bordes de la parte de arriba del bolsillo (la que queda fija en la prenda), en un largo que luego permita hacer cómodamente la costura de montaje: de 2 a 4 cm por ejemplo (fig. 4).

A continuación, montar las dos partes (la de arriba y la de abajo) de la pieza de encima y luego de la de debajo del bolsillo, haciendo una costura recta a la distancia del canto prevista para el margen (fig. 5), de manera que los márgenes de la costura de montaje queden por fuera del bolsillo.

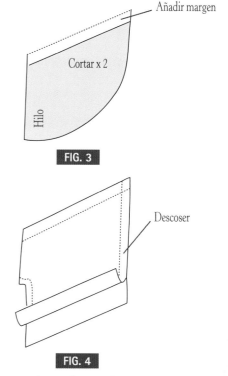

FIG. 3

Añadir margen

Cortar x 2

Hilo

Descoser

FIG. 4

Planchar las costuras abiertas para evitar que la tela abulte demasiado.

Coser la parte de encima y la de debajo del fondo del bolsillo, teniendo cuidado de mantener el mismo margen de costura de arriba y sobrehilando los cantos (fig. 6, en rosa).

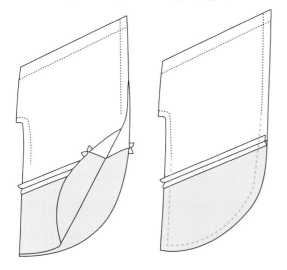

FIG. 5   **FIG. 6**

Conviene saber

Esta técnica de reparación del saco de un bolsillo agujereado se puede emplear en prendas confeccionadas en tejidos no muy finos ni transparentes, porque en caso contrario se corre el riesgo de que la doble costura se marque por el derecho. Es adecuada para bolsillos de prendas forradas, como un abrigo, una chaqueta, un pantalón, etc.

Modificaciones

Los arreglos más complejos, los que incluyen modificaciones o transformaciones en la prenda de origen, exigen ciertos conocimientos de la estructura y de la confección de las prendas.

No siempre es una tarea complicada, aunque al principio pueda parecerlo. Resultará aún más fácil si las etapas de trabajo se siguen por orden y se elige la técnica adecuada para cada elemento tratado.

Para realizar correctamente este tipo de arreglos, cualquiera que sea la parte de la prenda en la que aplicarlos, es fundamental estudiar detenidamente la tarea porque, la mayoría de las veces, se trata de hallar una solución eficaz y racional y, en ocasiones, ser creativo.

En este capítulo se presentan los arreglos más frecuentes: el largo, el ancho y ciertos defectos provocados por una confección mal adaptada al tipo corporal o por fallos que aparecen con el tiempo, como por ejemplo que el tejido se deforme por su peso.

Arreglos que modifican un modelo

A veces nos gusta renovar el armario cada temporada. Comprar ropa nueva siempre es una tentación, pero quien sepa coser, con pocos medios puede cambiar el aspecto de la antigua acortándola o alargándola, según la moda o los gustos personales.

Hay que decir que los arreglos afectan con más frecuencia al largo que al ancho de las prendas. Si bien es fácil añadir un volante a una falda, por ejemplo, añadir tela a un ancho resulta más complicado. Como rara vez se dispone de la misma tela con la que se confeccionó la prenda, habrá que buscar una combinación armoniosa, aparte de que las modificaciones aplicadas pueden cambiar la estética del modelo. El resultado final depende especialmente de la creatividad personal.

Cuando se trata de modificar el largo de una prenda, la estructura lógica de la misma se mantiene. En este caso, las posibilidades de modificación son bastante limitadas y dependen casi siempre de los cortes aplicados; pero cuidado, aunque este arreglo sea técnicamente menos complicado, también requiere ciertas dosis de imaginación y creatividad. Al cambiar un largo se modifica el modelo original y se crea un nuevo modelo único a partir de la estructura existente.

Si la razón por la que se decide modificar el largo es para tener un modelo nuevo, se aconseja tomar muy bien las medidas y prever las consecuencias del cambio para que el resultado final no sea una decepción.

En esta página se presentan modelos de prendas en las que se cortan o se añaden las zonas coloreadas, según la necesidad o el gusto de cada uno.

62

Modificar el largo

Modificar el largo con una técnica que no sea la adecuada para los cortes que tiene la prenda, puede cambiar por completo el modelo y dar un resultado inesperado y sorprendente.

Lo primero es plantearse estas preguntas: ¿se quiere una transformación total para obtener un modelo nuevo? ¿Se quiere conservar el mismo modelo, pero en una versión más corta?

Una vez tomada la decisión, hay que buscar una solución adaptada al corte y a la estructura de la prenda.

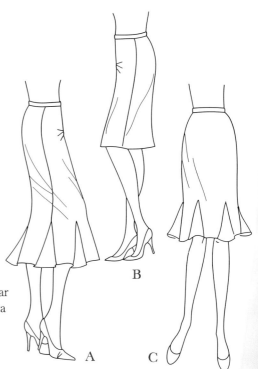

Por ejemplo, en un modelo de falda con nesgas (godets) con largo a media pierna (fig. A), se ha decidido acortar el largo hasta la rodilla. Según la solución que se elija para modificar el modelo, se puede quitar la parte inferior con las nesgas y obtener una falda recta (fig. B) o mantener el bajo decorativo de la falda (fig. C). En este último caso, la modificación se aplica en la parte alta de la falda, subiéndola hasta la altura que se desee y desplazando la cintura hacia abajo.

En los dibujos de la parte inferior de esta página se presentan dos ejemplos de modelos de mangas que se quieren acortar. En el caso del modelo E no hay problema, porque el bajo de la manga se adorna con unas vueltas por debajo del codo. La vista del doblez se puede cortar de la tela que se quite en el largo de la manga.

En cambio, el modelo de manga D termina en un puño con una tapilla en la abertura. No es sencillo descoser y volver a rehacer estos elementos, sobre todo si se trata de una camisa de hombre, para la que se necesitan máquinas especiales. En este caso hay que buscar otra solución para dar el largo deseado a la manga.

Estos ejemplos demuestran que para alargar o acortar una falda, una chaqueta, un abrigo o incluso una manga, hay que tener antes una idea concreta de lo que se quiere hacer y después elegir y aplicar una solución técnica adaptada al modelo. En efecto, los cortes establecidos en la prenda no siempre permiten realizar de la manera habitual las transformaciones deseadas. En las páginas siguientes se ofrecen consejos sobre las soluciones más frecuentes para renovar una prenda.

Faldas

La falda es un elemento imprescindible en nuestro armario. Como actualmente la moda cambia muy deprisa, necesitaríamos tener faldas de todos los estilos y para todas las ocasiones, pero no siempre encontramos en el comercio un modelo que nos agrade. Para satisfacer nuestros gustos se puede realizar una transformación más o menos importante a partir de un modelo de falda de la temporada anterior.

Modificar un modelo requiere una gran dosis de creatividad. Para ayudar a lograr un buen resultado, a continuación se ofrecen unas explicaciones detalladas de las transformaciones más frecuentes.

Acortar una falda

Dar nueva vida a una falda de la que estamos cansadas o que tenga el bajo defectuoso, es una operación bastante fácil. A partir de la base explicada en este capítulo y recurriendo a la creatividad de cada uno, se pueden realizar múltiples variaciones.

Existen dos maneras de acortar una falda: cortando la parte baja o extrayendo tela de la parte alta (subiendo la falda en altura). La elección de una u otra técnica depende:

1. Del modelo: por ejemplo, de que el bajo de la falda lleve o no motivos decorativos, como nesgas.

2. De los cortes establecidos: por ejemplo, un volante añadido en el bajo, en horizontal o al bies.

No hay que subestimar la importancia de la etapa que consiste en determinar el largo que se desea para la falda. Parece sencillo, pero hay que cuidarlo. Antes de empezar se estudian bien las técnicas adaptadas a los distintos modelos para luego aplicarlas correctamente en cada caso.

Acortar o rectificar el bajo de la falda

El bajo de una falda más o menos ancha, sobre todo si está cortada al bies o en redondo, tiende a deformarse con el tiempo debido al peso del tejido o a un mantenimiento inadecuado.

Para rectificar el bajo, hay que marcar correctamente la línea de doblez del jaretón a una altura uniforme. Esto se hace utilizando un aparato especial que, por medio de una pera de inyección, marca con tiza una línea a la altura elegida. También se puede hacer con una regla larga o con una barra colocada en vertical. Proceder de igual modo tanto para aumentar como para acortar el largo.

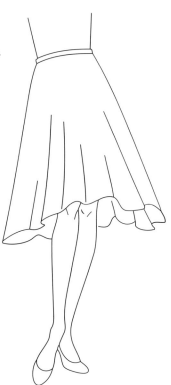

Antes de tomar las medidas, deshacer el jaretón, quitar los hilos y planchar.

La persona que vaya a llevar la falda debe mantenerse de pie, y sobre todo inmóvil, durante el proceso de prueba. Con una tiza o un jaboncillo, dibujar las marcas en la falda todo alrededor y a la altura deseada, desplazando la barra cada 5 a 7 cm.

En caso de que sea necesario rectificar el bajo, empezar a medir en el lugar donde la falda esté más corta.

Extender luego la falda sobre una superficie plana y, con ayuda de una regla de curvas o de una regla de borde redondeado para curvas, volver a dibujar la línea guiándose por las marcas trazadas antes.

Determinar la altura del jaretón, añadir esa medida a la línea dibujada y cortar el tejido sobrante siguiendo esta última línea (fig. de más abajo).

Se aconseja pasar un hilván por el doblez del jaretón, sobre todo si el largo de este es importante, pues es más fácil doblar siguiendo las marcas de los hilos que las de la tiza, que se borran con facilidad.

Hacer un jaretón sencillo o un dobladillo, como se prefiera (ver las págs. 22-27).

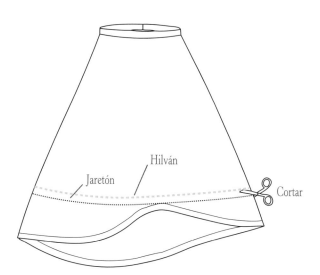

Jaretón

Hilván

Cortar

Acortar una falda con corte

Este es un ejemplo de una falda a media pierna rematada en la parte inferior con un volante construido en redondo y montado después sobre la falda recta con un corte al bies.

En el modelo A, el largo de la falda (a la rodilla) se consigue cortando la parte baja todo alrededor, es decir, acortando el volante. Esta solución cambia por completo el modelo original; ya no existe el bajo decorativo formado por el volante. Si se opta por esta técnica, ver la página 64.

En el modelo B, para obtener igual que antes un largo a la rodilla, se modifica la altura de la falda recta subiendo la cinturilla a la altura necesaria. Con esta solución, el modelo rectificado y el modelo original son muy parecidos.

A

B

Nota

No hay que dudar en hacer una prueba prendiendo la subida de una de las partes de la prenda para ver el resultado final: ¿queda bien la modificación del modelo?, ¿es la versión que se quería? A partir de estas elecciones se determina la técnica a aplicar.

Primero medir el largo total de la falda y después el largo que se le quiere dar. Anotar bien las dos cifras porque son indispensables para trabajar.

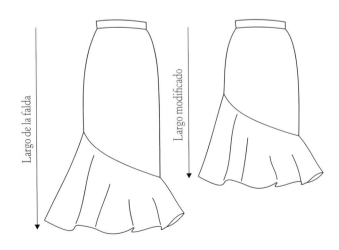

Antes de separar la parte de arriba y la de abajo de la falda al descoser la costura de montaje realizada en el corte al bies, es necesario marcar unas muescas en los márgenes de esa costura para evitar problemas al montarla después. Para hacerlo, si los pequeños cortes de 2 a 3 mm que se han dado en los márgenes resultan poco visibles, añadir también unas puntadas a mano con hilo de color contrastado a un lado y otro del corte, en los márgenes casados (fig. 1).

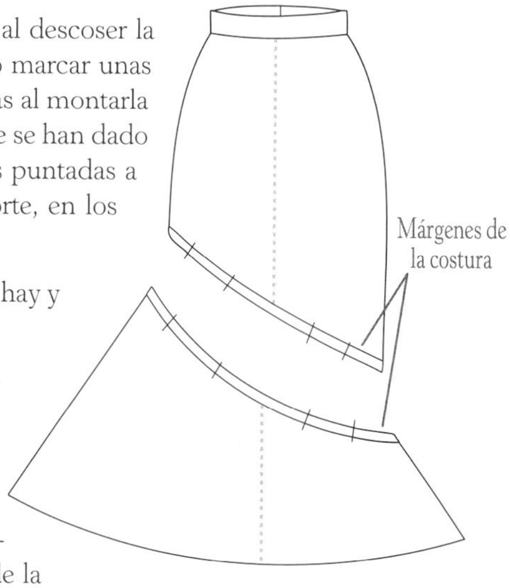

Quitar luego los hilos de remate del canto (sobrehilado) si los hay y eliminar también los hilos de la costura de montaje.

Calentar la plancha a una temperatura adecuada para la calidad del tejido y aplastar con ella los dos bordes descosidos, el de la falda recta y el del volante.

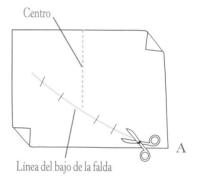

Márgenes de la costura

FIG. 1

Para trasladar correctamente la forma del bajo de la falda a la altura deseada, hay que determinar una línea de referencia; para hacerlo, marcar el centro del delantero de la falda con un hilván, mejor de color contrastado para que se vea bien (fig. 2, en rosa).

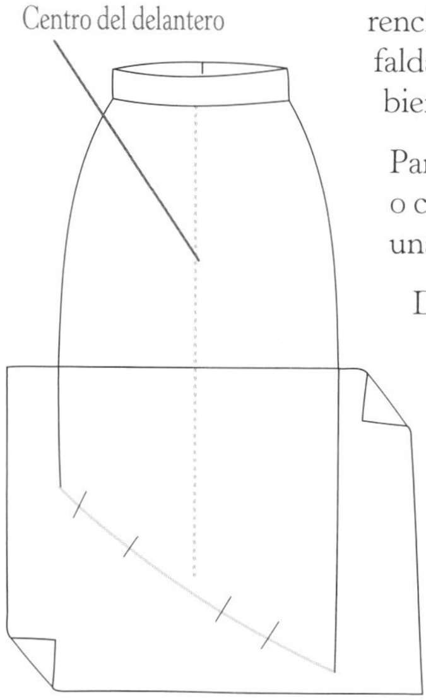

Para establecer correctamente la línea del centro, medir a tres o cuatro alturas el ancho entre las costuras de los costados y poner unas marcas en el centro de esas medidas.

Después unir los puntos con una línea recta.

Extender la falda sobre una superficie plana: prenderla sobre una base de tela o fijar los costados con pinzas a los bordes de un tablero de trabajo.

En un pliego de papel transparente (o muy fino) y más ancho que el ancho de la falda, dibujar una línea vertical que corresponda a la línea del centro de la falda.

Extender el papel sobre la falda, casando las dos líneas de centro (la línea marcada con un hilván en la falda y la dibujada en el papel).

Como el papel se transparenta, dibujar en él la forma del bajo de la falda. No olvidar marcar las muescas establecidas anteriormente en los márgenes de la costura descosida de la falda (fig. 2, en verde).

Recortar el patrón obtenido por la línea del bajo de la falda para poder aplicar correctamente esa línea en su nuevo emplazamiento a la altura deseada (fig. 3A).

Centro del delantero

FIG. 2

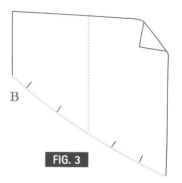

Centro

Línea del bajo de la falda

A

B

FIG. 3

67

Modificaciones

A partir del bajo de la falda, aplicar en uno de los dos costados la medida de la diferencia entre los dos largos: el de la falda a media pierna y el del largo deseado.

Tomando ese punto como referencia, situar el patrón del bajo de la falda de modo que las dos líneas de centro del delantero queden superpuestas (fig. 4). Dibujar el nuevo bajo de la falda siguiendo la línea del borde del patrón y marcarla con un hilván hecho con hilo de color contrastado.

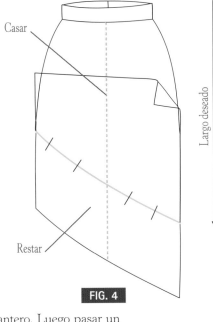

Casar

Restar

Largo deseado

FIG. 4

Aplicar el mismo procedimiento en la espalda de la falda, porque la línea de inclinación del bajo no es idéntica a la del delantero debido a la diferencia de anchos. En la espalda, la línea de centro ya está establecida con la costura y no hay necesidad de marcarla con un hilván.

Al determinar la nueva línea de largo en la espalda, asegurarse de que las alturas indicadas en los costados coincidan con las marcadas en el delantero. Luego pasar un hilván por el bajo siguiendo el contorno del patrón.

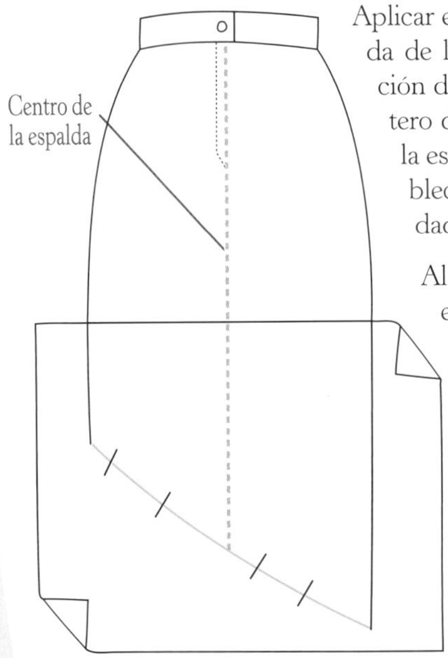

Cuando el largo de la falda se haya establecido en el delantero y en la espalda, descoser las costuras de los costados empezando desde el bajo y hasta unos 5 cm más arriba de los hilvanes. Esta operación es necesaria para hacer posible el corte de la parte inferior de la falda y para tener fácil acceso al montar el volante.

Centro de la espalda

FIG. 5

Añadir un margen de costura de 1 o 2 cm, según la calidad de la tela y según se vaya a rematar el canto. Restar ese margen a la línea dibujada en la parte baja de la falda (fig. 5).

Descoser también unos 5 cm las costuras de los costados en la parte de arriba del volante. Después, montar este con la falda recta, el delantero y la espalda por separado.

Rematar los cantos con un sobrehilado hecho a mano o a máquina.

Hacer la costura que falta en los costados, asegurándose de casar las uniones de las costuras del volante con las de la falda.

Planchar las costuras hacia arriba de la falda.

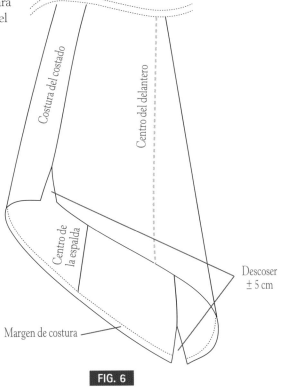

Parte de arriba de la falda

Costura del costado

Centro del delantero

Centro de la espalda

Descoser ± 5 cm

Margen de costura

FIG. 6

68

Acortar una falda por arriba

Para modificar el largo de modelos con el bajo evasé (acampanado) sobre unas líneas de corte (como una falda sirena), no hay muchos métodos entre los que elegir.

Los cortes verticales se suelen aplicar para disimular las pinzas (que quedan absorbidas en los cortes) o para dar amplitud a la línea recta de una prenda en la zona elegida.

Para acortar a la altura de la rodilla este modelo de falda, no puede modificarse el largo en el bajo porque se eliminaría la zona decorativa y quedaría una falda recta con unas líneas de corte sin utilidad.

Para obtener el largo deseado, manteniendo la estructura original de la falda y, sobre todo, el acampanado del bajo (fig. 1), la única solución es subir la falda a la altura necesaria y acortar la parte de arriba, colocando de nuevo una cinturilla en esa línea de corte.

En general, las líneas de corte son verticales a partir de la cadera y hasta el bajo. Antes de aplicar esta técnica para modificar el largo, comprobar que el contorno de caderas es igual al contorno del bajo de la falda, tomando esta medida a 2-3 cm por encima del acampanado. Al subir la falda, el ancho del bajo se desplaza hacia arriba y es imprescindible que tenga la medida suficiente para poder ponerse la falda.

En primer lugar hay que determinar el largo que se desea para la falda. Buscar la ayuda de otra persona para obtener la medida o situarse delante de un espejo, bien derecha, y subir la falda hasta la altura deseada (fig. 2).

El pliegue formado para obtener el largo debe aplicarse a una altura cómoda (por ejemplo, en la cadera) para poder prenderlo una misma sin mover el cuerpo. Naturalmente, el largo solo se puede determinar en el delantero, pero será suficiente para ajustar correctamente la medida de acortado.

FIG. 1

FIG. 2

69

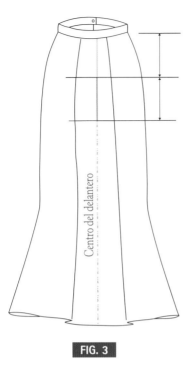

FIG. 3

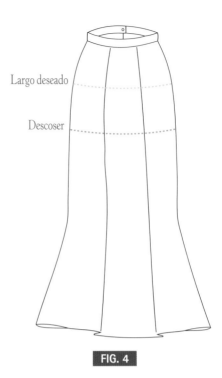

Largo deseado

Descoser

FIG. 4

Quitarse la falda y extenderla sobre una superficie plana. Medir la diferencia entre el largo de la falda, con pliegue y sin él, por la costura del centro de la espalda y del centro del delantero.

Trasladar esa medida y marcarla en la línea de centro de la espalda y del delantero (fig. 3, línea de puntos rosa) a partir de la cinturilla (fig. 3, en verde).

Trasladar por segunda vez esa medida al centro de la espalda y al centro del delantero (fig. 3, en azul).

Hilvanar con hilo de color visible, uniendo los puntos marcados a distintas alturas de la falda (en la espalda y en el delantero). No dibujar esas líneas con jaboncillo o tiza porque esa parte de la falda se va a trabajar mucho y las marcas se borrarían con facilidad.

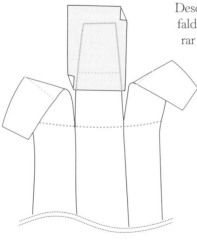

FIG. 5

Descoser todas las costuras de la parte de arriba de la falda. Quitar primero la cinturilla y la cremallera y separar cada panel hasta la segunda marca indicada por el hilván (fig. 4, en azul).

Medir y anotar el ancho de los márgenes de costura de los costados y de arriba de cada panel descosido de la falda, porque después de la modificación habrá que establecerlos de nuevo para que la falda recupere su forma y tamaño originales. A continuación, planchar.

En este modelo de falda, las pinzas de la cintura quedan disimuladas en cada corte. Como se va a eliminar tela de la parte de arriba, habrá que desplazar hacia abajo los valores de las pinzas.

Para mantener el mismo tamaño, colocar encima de la parte de arriba un pliego de papel fino o transparente (como el de calcar) y dibujar con cuidado el contorno (fig. 5, en rosa) hasta unos 3 cm por debajo de la línea marcada con el hilván (fig. 5, puntos verdes).

Construir de igual forma el patrón de todos los paños que componen la parte de arriba de la falda.

Si la falda está forrada, el proceso es el mismo: descoser las costuras para separar los paneles y dibujar el contorno de la parte de arriba del forro.

Recortar el patrón por las líneas dibujadas (fig. 6). No añadir el ancho de los márgenes de costura porque ya están incluidos en la medida tomada de cada panel.

Para evitar confundir las piezas del patrón, anotar en cada una de ellas su emplazamiento con un número o escribiendo su posición, porque cuando están recortadas se parecen mucho.

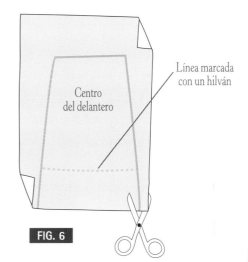

Centro del delantero

Línea marcada con un hilván

FIG. 6

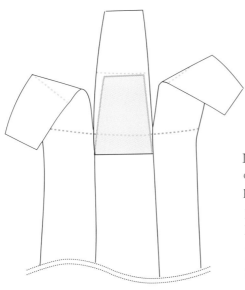

FIG. 7

Colocar el patrón sobre el trozo que se vaya a modificar, superponiendo las líneas del patrón con las de la falda (fig. 7, en azul y en verde).

Dibujar el contorno del patrón. Repetir esta operación con cada panel para modificar la parte de arriba de la falda.

Recortar luego cada panel de la falda siguiendo la línea dibujada alrededor del patrón.

Montar las partes descosidas de la falda, respetando el ancho original de los márgenes de costura.

Poner después la cremallera y la cinturilla. (Para más información sobre la colocación de cremalleras y cinturillas, ver las págs. 31-32).

71

Alargar una falda

Alargar una prenda no es una transformación que técnicamente resulte más difícil que acortarla, pero sí es una tarea que requiere imaginación, porque se crea un modelo distinto sobre la base del original.

Esta transformación se realiza con un añadido en el bajo hecho con una tela elegida en función del modelo que se desea o de la calidad del tejido base.

Estas modificaciones se consideran arreglos complejos; sin embargo, alargar un bajo no necesita conocimientos específicos de confección.

A continuación se ofrecen, a modo de ejemplos, varios modelos obtenidos por transformación de una falda recta.

Volante cortado al hilo con pliegues hacia dentro y dos bolsillos aplicados.

C

Volante cortado en redondo y añadido al bajo de la falda.

A

Volante cortado en redondo, con el borde de fantasía a picos y un canesú cortado al hilo siguiendo la forma del borde.

B

Volante cortado "en caracol"; el largo se prolonga y se cose sobre el delantero.

D

Dos piezas cortadas en redondo, con los bordes cortados al bies, unidas en el centro del delantero.

E

Piezas cortadas al bies en forma de triángulos, cosidas en el bajo de la falda de una en una. Para armonizar con el bajo, se anuda en la cintura una banda cortada al bies.

F

72

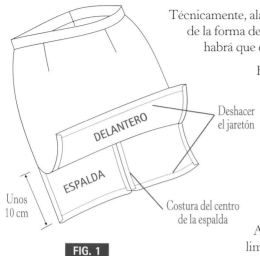

FIG. 1

DELANTERO

ESPALDA

Deshacer el jaretón

Unos 10 cm

Costura del centro de la espalda

Técnicamente, alargar un bajo puede hacerse de varias maneras, dependiendo de la forma de la pieza que se vaya a añadir. Según esté construida la falda, habrá que descoser o no las costuras de los costados.

En algunos modelos de faldas (figs. A, B, C y D) hay que deshacer las costuras hasta una altura de unos 10 cm para tener un cómodo acceso al ancho del bajo (fig. 1). Esto es así porque la pieza añadida se coserá primero en el delantero y en la espalda, por separado, y después se harán las costuras de los costados.

Por el contrario, si las costuras de los costados no estorban para coser el bajo de la falda con la pieza añadida, no hay necesidad de descoserlas (figs. E y F).

Ahora bien, el jaretón de la falda siempre hay que descoserlo, limpiarlo y plancharlo para aplicar cualquier técnica de alargamiento elegida.

Aplicar un volante cortado al hilo

Para añadir un volante cortado al hilo en el bajo de una falda, primero descoser el jaretón y un poco de los costados (fig. 1). Luego limpiar y planchar.

Como el ancho del delantero es distinto del ancho de la espalda, hay que medirlos por separado (fig. 2). Medir sin incluir el ancho de los márgenes de costura de los costados, que se añadirá al terminar de coser el volante.

Dibujar en un papel una línea horizontal de un largo igual al ancho de la espalda o del delantero. A continuación, dibujar una línea vertical que corresponda a la altura del volante: por ejemplo, 20 cm. Cerrar el rectángulo (fig. 3).

No olvidar añadir los márgenes de costura arriba y en los costados del volante (tomar estas medidas en la prenda). Añadir también el ancho del jaretón en el bajo, según el acabado que se aplique (ver pág. 22).

Ajustar el margen del jaretón de la falda con el margen del volante para que los bordes de la costura de montaje sean iguales.

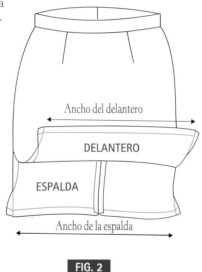

Ancho del delantero

DELANTERO

ESPALDA

Ancho de la espalda

FIG. 2

73

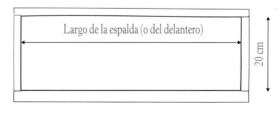

Largo de la espalda (o del delantero)

20 cm

FIG. 3

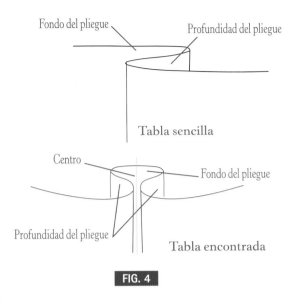

Fondo del pliegue · Profundidad del pliegue

Tabla sencilla

Centro · Fondo del pliegue

Profundidad del pliegue

Tabla encontrada

FIG. 4

Si el volante cortado al hilo lleva tablas, ya sean sencillas o encontradas (fig. 4), hay que añadir sus valores al largo del volante (ancho del fondo y profundidad del pliegue).

Para que las tablas queden a distancias regulares, dividir el ancho del bajo de la falda por el número de tablas que se desee: para dos tablas encontradas, dividir el ancho del bajo de la falda en tres partes iguales.

Por ejemplo: ancho del bajo = 48 cm. Profundidad del pliegue = 6 cm. Fondo del pliegue = 12 cm.

Dividir el ancho del bajo por el número de partes entre los pliegues: 48 : 3 = 16 cm.

A cada una de estas partes, añadir el valor del pliegue (medida de su profundidad) + la mitad del fondo: 16 + 6 + 6 (fig. 5).

Para hacer el patrón del volante, trazar primero una línea horizontal. Ver las medidas obtenidas en el cálculo (fig. 5).

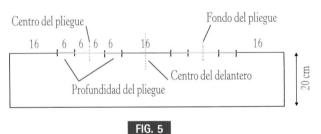

Centro del pliegue · Fondo del pliegue

16   6   6   6   6   16   16

Profundidad del pliegue · Centro del delantero

20 cm

FIG. 5

Marcar los dobleces de cada pliegue con unas muescas.

Fijar luego el ancho del volante (20 cm, por ejemplo).

Cortar al hilo el volante construido de este modo.

Construir por separado el volante para el delantero y el correspondiente a la espalda porque los anchos no son iguales.

No olvidar añadir los márgenes de costura arriba y en los costados del volante (medidas tomadas en la labor). Añadir igualmente el ancho del jaretón abajo, según el acabado que se desee (ver pág. 22).

Ajustar la altura del margen del jaretón de la falda con el margen de volante para que los bordes de la costura de montaje sean iguales.

Fijar primero los pliegues arriba del volante con una costura recta y montar el volante en el bajo de la falda (espalda y delantero por separado).

Hacer la costura de los costados respetando el ancho del margen ya determinado. Terminar la labor haciendo el jaretón en el nuevo bajo.

Aplicar un volante cortado en redondo

Un volante construido a partir de un círculo y añadido al largo de una falda queda muy bonito. La caída de la tela produce un volumen que se despliega desde arriba hacia abajo.

El volumen de ese volante se puede modular según el grosor del tejido, su largo o según se prefiera.

En el borde de arriba del volante se pueden hacer distintas formas de fantasía con una misma construcción de base (figs. A, B, C, D, pág. 72).

Dibujar el volante

El volante se puede construir sobre un círculo completo, un semicírculo, un cuarto de círculo o sobre cualquier otro ángulo. La elección depende del largo y del volumen que se desee. A modo de ejemplo, este es el dibujo de un volante obtenido sobre un cuarto de círculo (fig. 1).

Para que el ancho del bajo de la falda corresponda al largo del círculo, empezar dibujando un círculo con un radio que se calcula de este modo:

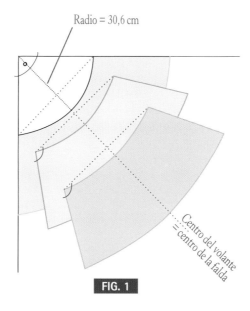

Radio = 30,6 cm

Centro del volante = centro de la falda

FIG. 1

Ancho del bajo de la falda (48 cm) = π R/2.

R = (2 × 48) : π.

R = 30,6 cm.

Determinar luego la altura del volante y dibujar un arco de círculo paralelo.

El volante cortado sobre ese patrón quedará voluminoso (fig. 1, en verde).

Si se aumenta el radio (40 cm, por ejemplo), se reduce el volumen del volante (fig. 1, en azul); si se aumenta a 60 cm, el volumen será aún menor (fig. 1, en rosa).

75

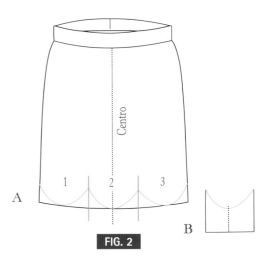

Borde del volante formando picos

Para construir un volante con el borde cortado en picos decorativos, dividir el ancho del bajo de la falda en partes iguales, por ejemplo tres (fig. 2A).

Determinar la altura del pico y su forma en una de esas partes. Copiar la forma en un papel de calco (fig. 2B).

El dibujo de esa forma es indispensable para dibujar en curva el borde de arriba del volante.

Construir el patrón del volante sobre un círculo, con el volumen y el largo que se desee (fig. 1, pág. 75).

Después, colocar el patrón de la forma con los picos que se preparó anteriormente sobre la línea de arriba del volante (fig. 2B).

Empezar por el centro del volante, de manera que quede superpuesto en el centro de la forma y que los dos picos toquen la línea de arriba del volante (fig. 3).

Proceder de igual modo para dibujar otras dos veces la forma con los picos, asegurándose de que los picos del dibujo anterior se toquen con los picos del siguiente, siempre sobre la línea de arriba del volante (fig. 3).

FIG. 2

Añadir arriba los márgenes de costura de 1 cm; el ancho del margen de los costados será igual al que tenía originalmente la prenda.

La altura del jaretón se determinará en función de la técnica de aplicación elegida (jaretón sencillo o dobladillo, ver pág. 22).

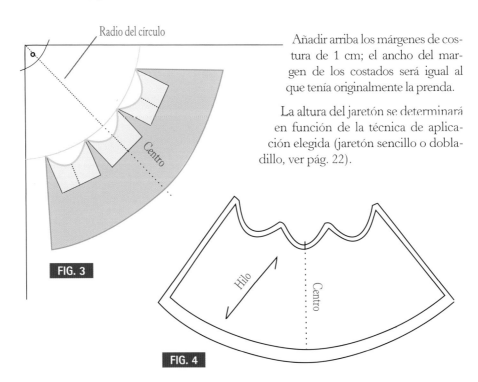

FIG. 3

FIG. 4

Borde del volante cortado al bies

Cuando se construye un volante cortado en redondo y se aplica en una falda con un corte al bies, es muy importante mantener el arco del círculo equilibrado entre el centro y los largos de los dos costados.

Para lograrlo, hacer primero un patrón del volante sobre un círculo (fig. 1), dándole el volumen y el largo que se desee (fig. 6, en azul).

Después fijar la altura de la diferencia del corte en uno de los costados de la falda; por ejemplo, de 10 a 15 cm (fig. 5, en verde).

Unir esa altura con el bajo de la falda en el otro costado del delantero de la falda (fig. 5, línea negra al bies).

Trasladar la medida de la diferencia de altura a la construcción del volante y situarla en uno de sus laterales (fig. 6, en verde).

En el centro del volante, sobre la línea de prolongación del radio, marcar la medida indicada por la línea corta de puntos del centro de la falda (fig. 5, en rosa).

Dibujar la parte de arriba del volante respetando las medidas marcadas (fig. 6, línea de puntos rosa). Para ello, copiar en un calco la línea de arriba del volante (fig. 6, en azul) y desplazar hacia abajo girando la hoja sobre el punto A (fig. 6).

Corregir la medida del bajo de la falda en función de la de arriba del volante (fig. 6, flechas rosas). El borde de arriba del volante está cortado en redondo, es decir, al bies. Para mejorar la estética del acabado, es necesario ensanchar de 1 a 2 cm cada parte del largo del volante (la medida centro-costado).

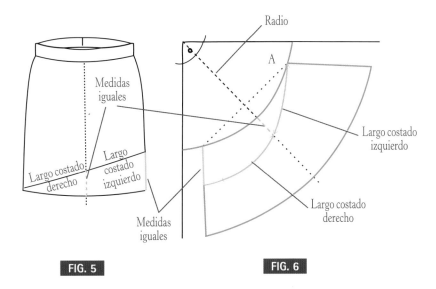

FIG. 5

FIG. 6

77

Aplicar un volante cortado "en caracol"

El principio de esta construcción se basa también en el corte en redondo.

El dibujo del volante se hace en dos partes:

– La parte del volante situada en el bajo de la falda, que tiene el mismo ancho a todo lo largo (fig. 1B).

– La parte decorativa del volante, situada en el delantero de la falda: su ancho se va reduciendo progresivamente a medida que llega arriba (fig. 1A).

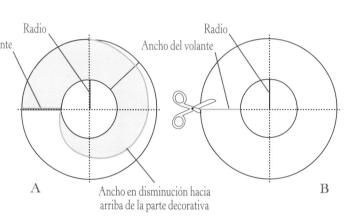

Radio
Ancho del volante

Radio
Ancho del volante

A

Ancho en disminución hacia
arriba de la parte decorativa

B

FIG. 1

El largo total del volante corresponde al ancho del bajo de la falda más el añadido en la parte decorativa del delantero. Esta medida se obtiene uniendo las piezas cortadas por separado.

Para calcular aproximadamente un radio del círculo, se supone: largo = R/2.

Luego se define el aspecto que se desea para el volante y si se quiere más o menos voluminoso (ver pág. 75).

Conviene saber

Existe una variante del corte "en caracol" que tiene la ventaja de que no hay costuras de unión. Ahora bien, el volante no ofrece un volumen regular todo alrededor. La parte cortada más cerca del centro del círculo queda voluminosa y ese volumen se va reduciendo en la vuelta siguiente.

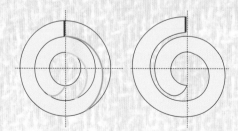

Alargar una falda cortada en redondo

Como en todos los casos en que se alarga o se ensancha una prenda, hay que saber que es necesario añadir tela, ya sea la misma, si se tiene, ya sea otra distinta, según el cambio que se aplique en el modelo.

Alargar o acortar una falda cortada en redondo no es difícil, pero hay que hacerlo con mucho cuidado para no deformar la estructura bastante frágil de la caída de la tela cortada al bies.

Alargar la falda en el bajo

Si se desea alargar la falda en el bajo añadiendo un tejido, hay que respetar obligatoriamente la estructura de la construcción existente, es decir, el corte en redondo.

El borde del bajo está en su mayor parte cortado al bies y el añadido debe cortarse igual, porque la costura de unión con una tela cortada al hilo deformaría esa parte tan frágil.

Para trabajar, preparar el bajo de la falda quitando las costuras del jaretón. Limpiar y planchar.

La construcción y el montaje de las faldas cortadas en redondo puede hacerse de varias formas; el resultado final es el mismo. Pero cuando se trata de una modificación, es necesario respetar la construcción y el montaje para mantener la forma original (fig. 1) y lograr una buena caída de la falda con la tela añadida.

Es preciso hallar el hilo de la tela en el largo de la falda que se va a modificar. Según el modelo, el sentido del hilo puede estar en los costados o en el centro del delantero y de la espalda. Marcarlo con un hilván.

Dibujar un ángulo en una hoja: las líneas del ángulo corresponden a la urdimbre y a la trama del tejido (fig. 2).

Doblar la falda por las marcas del hilván y extenderla casando el doblez de la falda con la línea de urdimbre.

Dibujar el bajo de la falda (fig. 2, en verde) y, con la medida del añadido, dibujar una línea paralela a la de urdimbre (fig. 2, en azul).

Hacer varias muescas de montaje en el borde de la falda y en la línea de arriba del añadido: no es fácil coser un borde cortado al bies.

Por último, añadir el margen de costura y la altura del jaretón (según la técnica de aplicación elegida) en la parte inferior del añadido.

Colocar el patrón sobre la tela doblada.

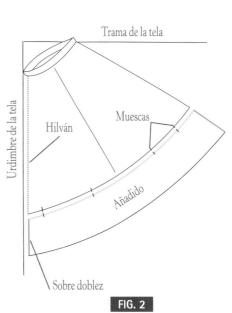

FIG. 1

FIG. 2

Modificaciones

Alargar la falda por arriba

Alargar una falda añadiendo una pieza de tela arriba para formar un canesú, se hace siguiendo el mismo principio que cuando el añadido se cose en el bajo (ver pág. anterior): hay que respetar la estructura de la falda (círculo) y la caída de la tela (bies).

Su construcción en redondo (círculo, semicírculo o cuarto de círculo) permite suprimir las pinzas en la cintura, lo que facilita la labor a quienes tengan menos experiencia en confección, ya que mantener un buen equilibrio de los valores de las pinzas exige una buena formación.

Conviene saber

Alargar por arriba una falda cortada en redondo solo se puede hacer cuando la holgura del borde de la tela en la cintura, embebida en la cinturilla, sea importante. En algunos tejidos poco elásticos en la dirección del bies, se corre el riesgo de deformar la estructura de la falda con la diferente inclinación de las líneas de los costados de la falda y del canesú.

En general, el largo del canesú situado en la parte alta de la falda no baja más allá de la línea de caderas 2. En la mayoría de los casos, termina entre la línea de caderas 2 y la línea de caderas 1; es decir, de 10 a 20 cm por debajo de la cintura.

Hay que tomar unas medidas aproximadas del contorno del cuerpo a la altura del canesú (fig. 1, en azul).

Esta medida se rectificará más adelante en función de la amplitud que tenga el borde de la falda cortada al bies y de la posibilidad de obtener la medida exacta del contorno en el canesú, respetando la elasticidad del tejido al bies.

Altura del canesú

FIG. 1

Quitar la cinturilla y la cremallera arriba de la falda. Limpiar y planchar ligeramente el borde.

Marcar el centro del delantero pasando un hilván (fig. 2, en rosa) y después extender la parte de arriba de la falda sobre una superficie plana. En la construcción de las faldas redondas, esa línea suele coincidir con el hilo de la tela.

Con una cinta métrica, medir la mitad de la medida tomada antes en el cuerpo sobre una línea paralela a la línea del borde de la falda (fig. 2).

Marcar esa línea suavemente con jaboncillo, añadir aproximadamente 1 cm más en la parte de arriba y cortar siguiendo esta última línea.

FIG. 2

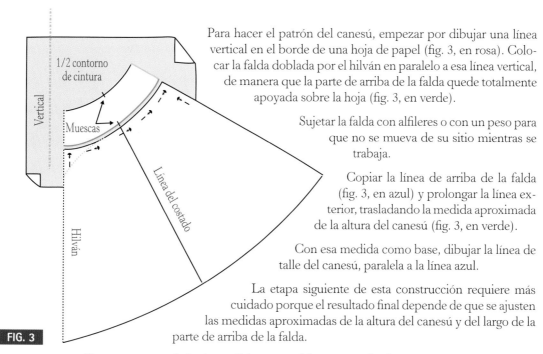

FIG. 3

Para hacer el patrón del canesú, empezar por dibujar una línea vertical en el borde de una hoja de papel (fig. 3, en rosa). Colocar la falda doblada por el hilván en paralelo a esa línea vertical, de manera que la parte de arriba de la falda quede totalmente apoyada sobre la hoja (fig. 3, en verde).

Sujetar la falda con alfileres o con un peso para que no se mueva de su sitio mientras se trabaja.

Copiar la línea de arriba de la falda (fig. 3, en azul) y prolongar la línea exterior, trasladando la medida aproximada de la altura del canesú (fig. 3, en verde).

Con esa medida como base, dibujar la línea de talle del canesú, paralela a la línea azul.

La etapa siguiente de esta construcción requiere más cuidado porque el resultado final depende de que se ajusten las medidas aproximadas de la altura del canesú y del largo de la parte de arriba de la falda.

Empezar por trasladar la medida exacta del contorno de cintura y, a partir de esa línea, calcular el largo total de la falda.

Alargar o acortar, en su caso, cambiando la altura del canesú y el ancho de la parte de arriba de la falda. Es importante que la parte de arriba de la falda y la parte de abajo del canesú midan lo mismo.

El ajuste definitivo se hará durante la prueba.

Añadir un margen de costura alrededor del canesú y arriba de la falda (el ancho del margen será igual al del modelo original).

Situar las muescas de montaje. Colocar el patrón sobre la tela doblada, respetando la dirección del hilo.

El bajo del canesú puede tener una forma de fantasía: en pico, redondeada, etc. (fig. 4, línea de puntos).

Esta modificación se hará sobre el patrón terminado y se trasladará a la falda (fig. 3, línea verde de puntos).

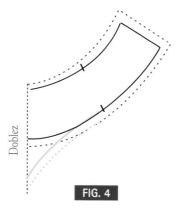

FIG. 4

81

Ensanchar una falda

Entre las distintas técnicas empleadas para ensanchar una prenda de vestir, las que resultan más sencillas y se utilizan con mayor frecuencia consisten en añadir otra tela, bien en los costados o bien en el centro del delantero y de la espalda. Para ensanchar una falda recta, por ejemplo, se pueden crear múltiples variantes del modelo original.

Para obtener la transformación que se desea, se deben respetar los cortes y las pinzas establecidos originalmente para no deformar ni desequilibrar la estructura de la prenda.

Ensanchar una falda recta en los costados

La falda recta lleva unas pinzas en la cintura y a los lados, izquierdo y derecho. El ensanchamiento consiste en mantener la misma curva de esas líneas en la pieza añadida para no deformar la estructura original de la falda.

Para ello, descoser primero unos centímetros de la cinturilla, por encima de la costura del costado, con el fin de tener acceso cómodo a los bordes (basta con descoser de 3 a 4 cm en cada lado).

También habrá que ensanchar la cinturilla, pero ese ensanchamiento depende de su construcción. En general, en las faldas construidas a la cintura, la cinturilla está cortada al hilo y de una sola pieza.

En ese caso, para lograr un efecto bonito, cortar la cinturilla por la marca de la muesca del costado y alargar con una pieza de la misma tela utilizada para ensanchar la falda.

Hay otra posibilidad, que consiste en construir una cinturilla de un largo igual al del contorno de cintura y cortarla de la misma tela con la que se hace el añadido.

Si la cinturilla está confeccionada en dos o tres partes, deshacer las costuras de los costados de la falda, limpiar los bordes descosidos y plancharlos para aplastar los márgenes de costura.

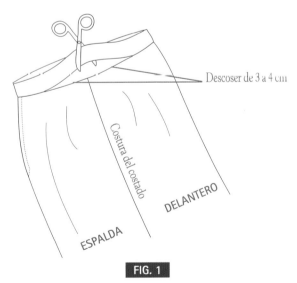

Descoser de 3 a 4 cm

Costura del costado

ESPALDA

DELANTERO

FIG. 1

82

Extender la falda sobre un papel de manera que se respete la dirección del hilo de la labor y que el borde de la línea del costado quede bien extendido.

Fijar esa parte de la falda sobre el fondo con alfileres, unas pinzas o unos pesos para que no se mueva de sitio.

Dibujar con mucho cuidado una nueva línea (fig. 2, en azul); servirá de punto de partida para construir el patrón de la pieza que se va a añadir.

Para que el montaje de los dos bordes (el de la falda y el de la pieza añadida) se efectúe correctamente, marcar varias muescas de montaje.

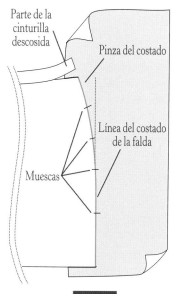

Parte de la cinturilla descosida

Pinza del costado

Línea del costado de la falda

Muescas

FIG. 2

Retirar la falda del papel. Para dibujar el patrón de la pieza a añadir, hay que trazar una línea paralela a la línea dibujada (fig. 3). El ancho corresponderá a la mitad de la medida del ensanchamiento necesario.

Para obtener ese valor, medir el ancho de la falda a la altura de la línea de caderas 2 (unos 20 cm por debajo de la cintura) y después medir el contorno sobre la línea de caderas 1, tomado sobre el cuerpo, y añadir la holgura necesaria (para la falda son unos 4 cm).

La diferencia entre esas dos medidas es el ancho de la pieza que se debe añadir. Por ejemplo: ancho de la falda = 90 cm, contorno de caderas 2 = 96 cm.

96 cm + 4 cm = 100 cm.

100 − 90 = 10 cm.

El resultado se divide por dos para obtener el ancho de la pieza que se debe añadir a cada lado:

10 cm : 2 = 5 cm.

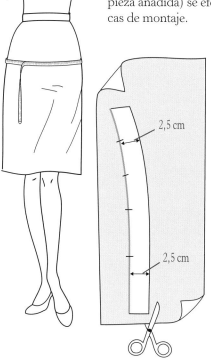

2,5 cm

2,5 cm

FIG. 3

Además, hay que respetar la pinza en el centro de esa pieza: 5 cm : 2 = 2,5 cm.

Ahora, cortar el patrón de la pieza que se va a añadir (fig. 3).

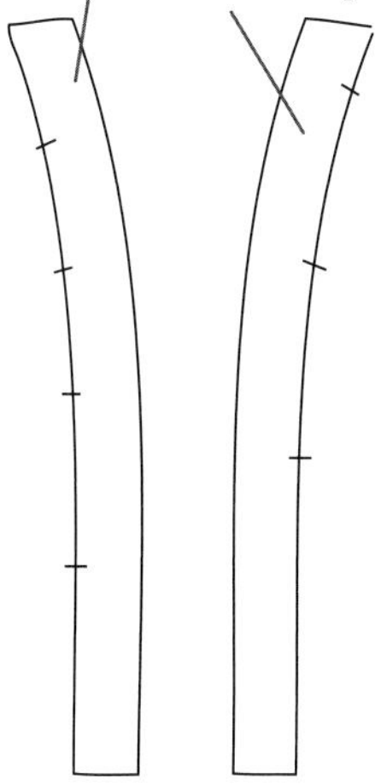

En las prendas de prêt-à-porter, la confección de las faldas se basa en la construcción de patrones con medidas estándar. Las líneas de los costados (de la espalda y del delantero) se dibujan con una misma curva, al contrario que los patrones que se hacen adaptados a las distintas morfologías, para faldas a la medida.

Es necesario, por tanto, comparar las formas de esas dos líneas de costado. Si son iguales, se copia dos veces el patrón de la pieza añadida (fig. 3); si no, se dibuja la parte de la espalda igual que la del delantero y con las mismas medidas, marcando en el borde las muescas de montaje (fig. 4).

Parte del delantero

Parte de la espalda

FIG. 4

83

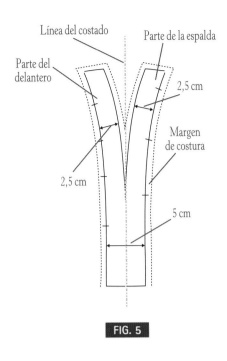

Línea del costado

Parte de la espalda

Parte del delantero

2,5 cm

Margen de costura

2,5 cm

5 cm

FIG. 5

La parte añadida al ancho de la falda debe quedar integrada en los bordes de los costados del delantero y de la espalda para reproducir la forma original que tenía la falda.

El ancho de la pieza añadida (en general unos centímetros) no permite poner una costura en el centro (la costura del costado de la falda) porque no quedarían bonitas varias costuras de montaje muy juntas.

Para evitarlo y para respetar al mismo tiempo el valor de la pinza del costado, los patrones de los ensanchamientos de la espalda y del delantero se colocan sobre una línea vertical que corresponde a la línea de base del costado de la construcción (fig. 5, en rosa).

Dibujar de nuevo el patrón añadiendo margen de costura todo alrededor (fig. 5, puntos negros). Cortar en la tela prevista respetando la dirección del hilo.

Para la cintura, dibujar el patrón de la pieza de ensanchamiento: el ancho ya se ha determinado anteriormente y el largo se obtiene calculándolo (ver pág. 83). En este caso, 5 cm es la medida del ensanchamiento de la falda.

Añadir todo alrededor el margen de costura. Cortar en la tela elegida respetando la dirección del hilo.

Montar el trozo a añadir con el costado del delantero de la falda, respetando las muescas de montaje, y luego coserlo con la espalda (fig. 6, en verde).

Después, cerrar la pinza del costado en la pieza a añadir, aplicando una costura en disminución que "muera" abajo de la pinza.

Planchar las costuras abiertas y las pinzas hacia la espalda.

Montar la parte que falta de la cinturilla haciendo una costura recta y planchar la costura abierta.

Por último, utilizando la misma técnica de costura que en la falda original, montar la cinturilla casando las costuras de las partes añadidas en la cinturilla y en la falda.

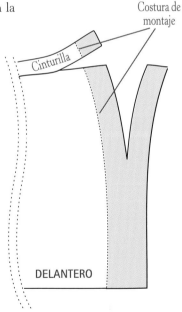

Costura de montaje

Cinturilla

DELANTERO

FIG. 6

84

Ensanchar una falda evasé en los costados

La particularidad de este modo de ensanchar una falda evasé reside en el corte de la línea del costado, que no forma un ángulo recto.

En general, este arreglo consiste en añadir a los costados una pieza de unos centímetros de ancho. Para garantizar el mejor efecto hay que reducir al mínimo el número de costuras de montaje.

Se deben respetar obligatoriamente las distintas inclinaciones de las líneas del costado del delantero y de la espalda.

Esta regla de construcción implica una dificultad importante al suprimir la costura de montaje entre las dos partes más estrechas del ensanchamiento (ver también pág. 84, fig. 5).

Para preparar la falda, tomar las medidas.

La construcción del patrón de la pieza a añadir en los costados de la falda se hace igual que para la falda recta (ver pág. 82).

Es muy importante indicar la dirección del hilo en las dos piezas del ensanchamiento de la espalda y del delantero. Si no se respeta, se deformaría la construcción de la falda (fig. 2).

Al eliminar la costura de montaje entre las dos partes (espalda y delantero) del ensanchamiento, se obtiene una pieza con la dirección del hilo orientada en distintos sentidos.

Esta pieza se debe aplicar en el costado de la falda, pero para mantener correctamente la forma acampanada de la prenda, hay que respetar la dirección del hilo del delantero (fig. 3).

Para este ensanchamiento se elige una tela con una textura lo más parecida posible a la tela original; si no, la costura de montaje de la espalda se marcará mucho.

Para el montaje, planchado y acabado proceder igual que para la falda recta (ver pág. 84, fig. 6).

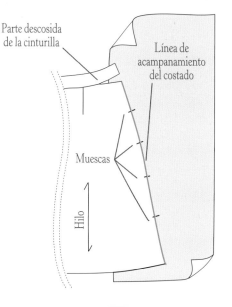

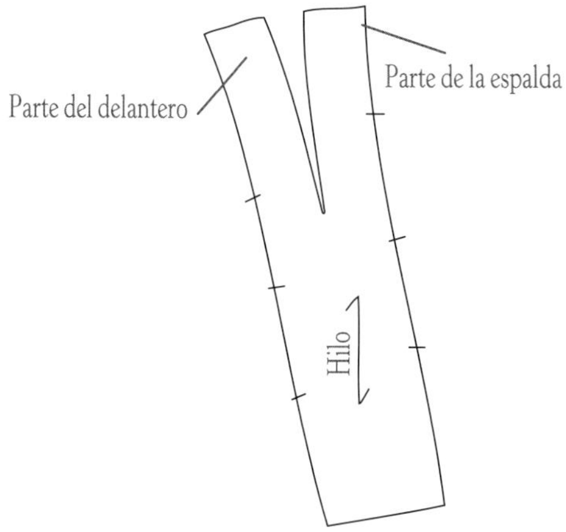

Parte descosida de la cinturilla

Línea de acampanamiento del costado

Muescas

Hilo

FIG. 1

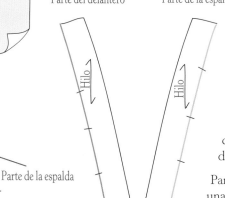

Parte del delantero

Parte de la espalda

Hilo

Hilo

FIG. 2

Parte del delantero

Parte de la espalda

Hilo

FIG. 3

85

Ensanchar una falda en el centro del delantero

Ensanchar una falda integrando una pieza de tela en el centro del delantero y de la espalda es una transformación fácil, tanto en lo que se refiere a la construcción como al mantenimiento de la estructura de la prenda.

No se necesitan conocimientos de diseño para dibujar el patrón de la pieza a añadir. Lo más importante es el emplazamiento de las pinzas en la cintura, que está condicionado por la medida de separación del pecho. Esta regla de construcción se debe respetar para no deformar la falda.

El borde de la falda en la cintura se puede rematar con una cinturilla recta o con una costura con vista.

El delantero se construye siempre en una sola pieza, aunque la falda lleve uno o dos paños (espalda y delantero) o tres paños (un paño para el delantero y dos para la espalda).

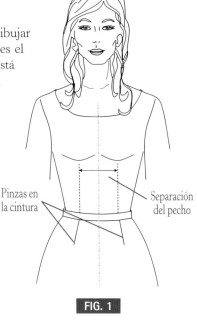

Pinzas en la cintura

Separación del pecho

FIG. 1

El delantero

Para este ensanchamiento es muy importante marcar con mucha precisión el centro del delantero, porque el corte se aplica en esas marcas.

Para hacerlo, extender bien la falda y medir el ancho del delantero en cuatro lugares al menos, empezando por la cintura.

Marcar con un alfiler la mitad de la medida del ancho entre las costuras de cada costado.

Repetir la operación cada 10 a 15 cm, descendiendo hacia el bajo de la falda. Con ayuda de una regla, dibujar con jaboncillo una línea que una todos los puntos marcados con alfileres. Dividir el delantero de la falda en dos partes y cortar por esa línea.

Calcular el ancho de la pieza que sea necesario añadir (ver pág. 83, fig. 3). Dibujar el patrón de esa pieza y cortarla en la tela elegida, respetando la dirección del hilo.

A continuación, montar la pieza, con las dos partes cortadas de la falda, haciendo una costura recta y respetando el ancho del margen previsto.

Planchar las costuras abiertas para evitar que los márgenes abulten de forma poco estética.

Al añadir una pieza de tela en el centro de la falda, las pinzas de la cintura han cambiado de sitio y ya no corresponden a la separación del pecho. Ese desplazamiento no sigue la norma de construcción y puede deformar la falda.

Según sea necesario, se hacen pinzas nuevas o se desplazan las ya existentes (fig. 2) si lo permite la textura del tejido.

Hay que saber que al arreglar una prenda, la mejor manera de ajustarla y rectificarla es durante la prueba.

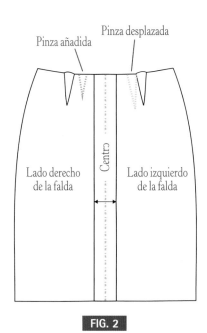

Pinza añadida

Pinza desplazada

Lado derecho de la falda

Centro

Lado izquierdo de la falda

FIG. 2

86

La espalda

En la mayoría de los casos, la espalda se compone de dos partes con una costura en medio. Ese corte en el centro se suele utilizar para montar la cremallera y para hacer en la cintura una pinza de escaso valor (de 1 a 1,5 cm) (fig. 3).

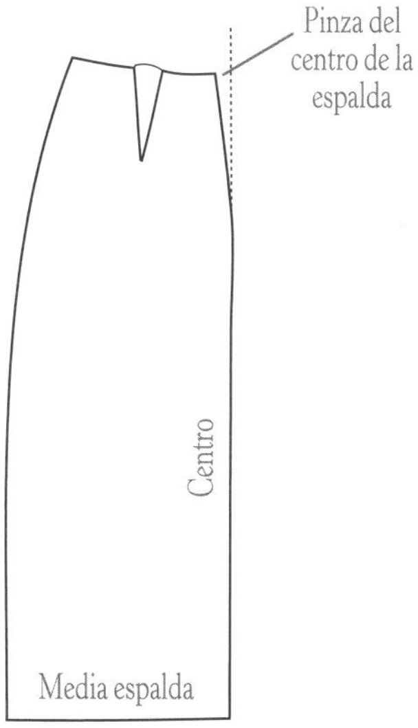

Para ensanchar la espalda, quitar la cremallera y descoser la cinturilla unos 3 a 5 cm en cada extremo de la abertura.

Deshacer luego la costura de montaje del centro de la falda. Limpiar y planchar los bordes.

Cortar la pieza a añadir en el centro de la espalda, dándole las mismas dimensiones que en el delantero.

Montar esa pieza con las dos partes de la espalda haciendo una costura recta y dejando abierto el extremo de arriba de la falda. El largo de la abertura será el mismo que el de la cremallera.

La cremallera se desplaza unos centímetros desde el centro de la espalda, lo que no molesta mucho (fig. 4). En cambio, hay que mantener el ancho de la cremallera todo a lo largo de la pieza añadida.

Si el añadido es demasiado ancho, la cremallera se puede poner en el costado de la falda.

No es aconsejable hacer una abertura en el centro del añadido porque habría que dividir la pieza en dos y aumentar el número de costuras de montaje en un espacio estrecho, lo que no queda bien.

La cinturilla

Para ensanchar la cinturilla se puede proceder de dos maneras: construir una nueva con la tela del añadido o incorporar una pieza en medio de la cinturilla original, casándola con el añadido de la falda.

Para este último método, cortar los trozos que falten en la cinturilla: su ancho será el de la cinturilla original y el largo el mismo que el añadido de la falda (ver también pág. 82, fig. 1).

Montarlos con una costura recta en el borde de la cinturilla cortada en el centro del delantero y en el extremo de la abertura de la espalda.

Planchar las costuras abiertas.

Montar luego la cinturilla en el borde de la falda, casando las costuras con las de la falda.

Con este método, las faldas cortadas al hilo (rectas o acampanadas) se pueden ensanchar de varias formas para obtener diferentes variantes del modelo original.

La falda recta de la izquierda se ha ensanchado añadiendo unas piezas de tela en dos lugares simétricos del delantero.

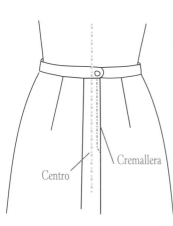

FIG. 4

Centro

Cremallera

Pinza del centro de la espalda

Centro

Media espalda

FIG. 3

87

Modificaciones

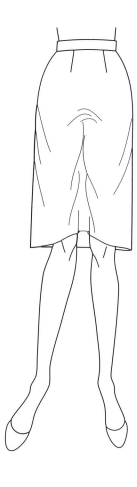

Problemas de adaptación a la morfología

La confección del prêt-à-porter se basa en la construcción de patrones a partir de unas medidas estándar.

La construcción de esos patrones no tiene en cuenta las distintas morfologías corporales, como una tripa marcada o unas nalgas o muslos gruesos, por ejemplo.

Por esa razón, un mismo modelo le sentará muy bien a una persona, pero en otra aparecerán defectos de confección.

Este tipo de problema no se debe a una construcción de la prenda mal hecha, sino a una incorrecta o inexistente adaptación de esa construcción a una morfología particular.

La falda respinga por delante

Esta deformaciones, es muy frecuente, se nota mucho y resulta incómoda. La parte del centro no cae vertical sino que se sube y, al andar, la tela se mete entre las piernas siguiendo los movimientos de estas.

Este defecto suele aparecer en modelos de faldas rectas, evasé o de lápiz. Para corregirlo hay que adaptar la línea de cintura a las medidas personales y, sobre todo, a la forma del cuerpo.

Es una operación que requiere un mínimo de conocimientos en la construcción de patrones y en la estructura de las prendas de vestir.

Consejo de modista

Empezar por estudiar cuidadosamente el problema. En caso de que el delantero de la falda se suba, la causa estará, por lo general, en la construcción de la línea de cintura, aunque esto no siempre es así.

Para estar seguro, antes de descoser la cinturilla, medir el largo del centro del delantero (en azul) y el largo de la paralela a ese centro partiendo de la costura del costado en la cintura (en verde).

Se tolera una diferencia máxima de 1,5 cm entre ambas medidas. Si se comprueba que la diferencia es menor, hay que buscar el problema en otra parte: por ejemplo, en una mala inclinación de las líneas de los costados.

Si la medida que se obtiene es superior a 2 cm, se corrige en esa diferencia la línea de cintura aplicando las operaciones que sean necesarias.

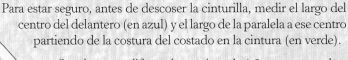

La línea de cintura baja en el centro del delantero aproximadamente 1,5 cm, pero esa medida debe estar adaptada a la morfología del cuerpo: para una tripa voluminosa, la línea debe bajar de 0,5 a 1 cm para evitar que respingue el delantero.

Es imposible subir el centro del delantero, de modo que hay que corregir la línea de cintura bajando la línea del costado (fig. 1, en azul).

Descoser la cinturilla de la falda y probar la prenda.

Marcar la cintura con una cinta, prendiendo el borde del centro del delantero de la falda con la cinta.

Marcar el lugar por el que pasa la cinta sobre la costura del costado.

Extender luego la falda sobre una superficie plana y dibujar, con la ayuda de una regla, una línea que una la pinza con la marca del costado realizada en la prueba.

Cortar la tela sobrante y coser la cinturilla como estuviera en origen.

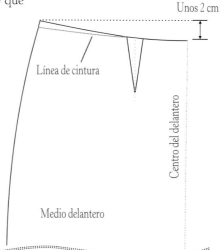

FIG. 1

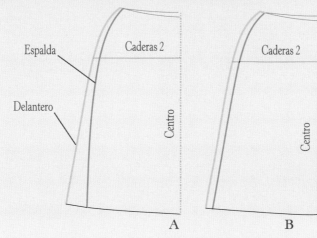

Conviene saber

Un defecto en el delantero de la falda puede deberse a una defectuosa inclinación de las líneas de los costados. Para saber dónde hay que rectificar, es necesario tener en cuenta que en la confección de una falda recta las dos líneas de los costados, en la espalda y en el delantero, pueden tener inclinaciones distintas (fig. A). La línea de costado del delantero puede abrirse de 4 a 6 cm, según el largo que tenga la prenda. Esa amplitud da una línea muy bonita a la falda. En ese caso, la línea de costado de la espalda debe quedar vertical a partir de la línea de caderas 2. Por el contrario, en las faldas acampanadas, e incluso en las faldas cortadas en redondo o al bies, las dos líneas de los costados (espalda y delantero) deben tener un mismo ángulo de inclinación a partir de la línea de caderas 2 (fig. B).

89

Modificaciones

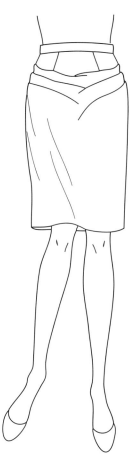

Toda la falda se sube

Una deformación tan frecuente como la del delantero que respinga (ver pág. anterior) es la tendencia de toda la falda a subirse alrededor del cuerpo, provocando arrugas a la altura de las caderas 1, que suben hasta la cintura.

Es un defecto muy molesto, que casi siempre se debe a las pinzas: unas veces son demasiado largas y otras veces sus valores son excesivamente grandes o están mal equilibrados.

Definir el defecto

Para corregir este defecto, y sobre todo para adaptar la construcción de la falda a las formas del cuerpo, hay que estudiar la parte alta de la prenda. Para conocer la causa que provoca tal efecto se procede en tres etapas: control del ancho, control del largo de las pinzas y control de sus valores.

Primero comprobar las medidas: contorno de cintura, de caderas 1 y de caderas 2.

Las medidas de la falda deben incluir una holgura: en la cintura al menos 1 cm, en las caderas 1 y 2, unos 4 cm (fig. 1).

Si esas medidas no incluyen una holgura suficiente, la falda queda demasiado ajustada y se sube. En ese caso hay que pensar en ensanchar la falda (ver las págs. 82 a 87).

Si las medidas son correctas, probar la falda y observar la tela por debajo de la pinza: si al realizar un ligero movimiento del cuerpo la tela reacciona con un abultamiento en el extremo de la pinza, significa que el largo de la pinza no es el adecuado. La solución es acortar las pinzas (ver pág. 91).

La última comprobación se refiere al valor y al emplazamiento de las pinzas. Esta etapa de construcción de la falda con medidas estándar suele estar adaptada a las distintas morfologías y rara vez es la causante de que la falda se suba.

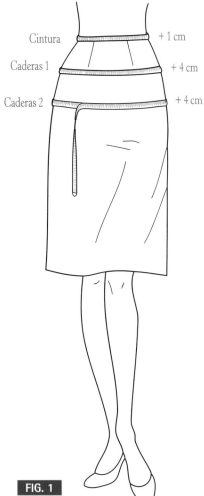

Cintura + 1 cm
Caderas 1 + 4 cm
Caderas 2 + 4 cm

FIG. 1

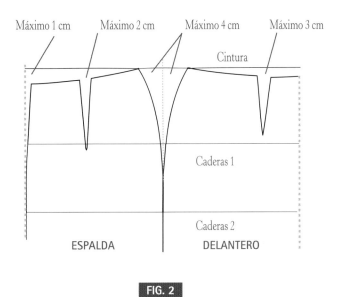

Máximo 1 cm   Máximo 2 cm   Máximo 4 cm   Máximo 3 cm

Cintura

Caderas 1

Caderas 2

ESPALDA   DELANTERO

FIG. 2

Las distintas pinzas de la falda no deben superar ciertas medidas para no desequilibrar la construcción y, en definitiva, la buena caída de la prenda (fig. 2).

Si el valor a absorber es demasiado grande, hay que repartirlo en varias pinzas: dos en la mitad del delantero, por ejemplo.

Es muy importante que el valor total de la tela absorbida en el delantero sea igual al valor absorbido en la espalda.

Cambiar el valor de las pinzas

No siempre se puede modificar el largo o el ancho de una pinza, sobre todo si hay que reducir el valor. En algunos tejidos (seda, tafetán) queda muy marcado el paso de la aguja; en otros, un pliegue aplastado con la plancha queda marcado de forma definitiva (lino, tafetán).

Antes de tomar la decisión de cambiar la pinza, hay que asegurarse de que la calidad de la tela permita llevar a cabo esa operación.

Cuando se modifican las medidas de la pinza (más o menos ancha, o más o menos larga), es fundamental mantener la proporción entre el largo de la pinza y el ancho de la tela que se absorbe.

Por ejemplo, si hay que acortar la pinza de 2 a 3 cm (fig. 3, en rosa), también hay que reducir el ancho, porque de otro modo la tela formará un bulto en el extremo; por tanto, hay que hacer dos pinzas pequeñas, de 1,25 cm cada una, para que la superficie quede completamente lisa.

2,5 cm

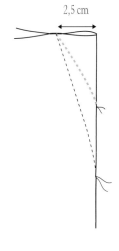

FIG. 3

91

Adaptar el forro

El forro añadido a una falda consigue un acabado más cuidado y también impide que ciertos tejidos se peguen a otra prenda (como unos leotardos). El forro aporta una comodidad indispensable para el movimiento de las piernas.

En la construcción de los patrones de forros para faldas, los diseñadores dan prioridad a la comodidad, con independencia de la forma de la falda, de su largo o de su ancho.

Los diferentes tejidos, el de la falda y el del forro, no reaccionan igual a los movimientos y a veces, en algunos modelos, es necesario que la forma de la falda sea distinta a la del forro.

Forma del forro diferente a la de la falda

En modelos de faldas amplias (tableada, en redondo, etc.), al forro y a la falda se les suele dar una forma distinta.

Las razones son varias, pero la más frecuente es evitar el volumen y el peso de la tela, ya que podrían entorpecer los movimientos.

En esos modelos, es frecuente que el arreglo se efectúe solo en el forro, que por lo general adopta la forma de una falda recta.

Forro demasiado ajustado

A veces, el ancho del bajo del forro no se corresponde con la longitud de los pasos y limita los movimientos de las piernas al andar. En ese caso, alargar la altura de las aberturas a los dos lados (fig. 1).

Esa altura depende de la morfología de la persona y en principio se sitúa a medio muslo: unos 15 cm por debajo de la línea de caderas 2.

Para efectuar la labor, ver Bajo con aberturas (pág. 109) y adaptar a cada caso.

Para terminar, hacer una costura recta sobre los márgenes de costura de las aberturas alargadas.

Forro que se sube

En caso de que el forro se suba, cambie de posición y se enrolle en torno al cuerpo formando arrugas que van desde las caderas a la cintura, aplicar los mismos arreglos que para la falda que se sube (ver pág. 90).

Caderas 2

Altura de la abertura

FIG. 1

Conviene saber

En general, la holgura para una falda es de unos 4 cm, pero para mayor comodidad, en el caso de un forro recto, hay que aumentar esa medida a 5 o 6 cm.

Forma del forro parecida a la de la falda

Una forma de forro parecida a la de la falda, pero con una modificación del largo, es la que se suele utilizar para faldas hechas con tejidos transparentes o faldas "cerradas" confeccionadas "en tubular": el forro queda cogido en la cinturilla por arriba y en el jaretón de la falda por abajo.

Este tipo de forro no produce molestias al caminar cuando se añade a faldas rectas o poco evasés.

Los problemas suelen aparecer cuando se trata de modelos de faldas amplias, en las que el forro no está cosido con el bajo (figs. 2 y 3).

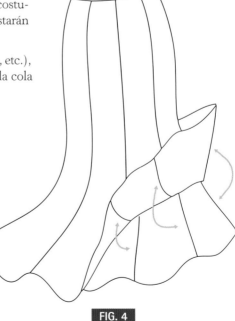

FIG. 2

Si la caída del forro y la de la falda reaccionan de modo diferente a los movimientos del cuerpo, los entorpecerán. La solución más sencilla para resolver el problema y mejorar la comodidad consiste en unir las costuras de la falda y del forro.

Para hacerlo, colgar la falda en una percha y prender con alfileres las costuras de la falda con las del forro, que se superponen, a una altura de unos 10 a 15 cm del jaretón del bajo.

Formar una presilla en los bordes del margen de esas costuras dando unas puntadas a mano o cosiendo una cintita de unos 3 a 5 cm de largo (fig. 3, en rosa).

Esa presilla permite mantener unidas las telas de la falda y del forro y, sobre todo, no provocará ninguna deformación.

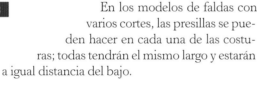

FIG. 3

En los modelos de faldas con varios cortes, las presillas se pueden hacer en cada una de las costuras; todas tendrán el mismo largo y estarán a igual distancia del bajo.

En los modelos de faldas con cola (fiesta, boda, etc.), se harán también presillas en la parte en que la cola arrastra por el suelo.

93

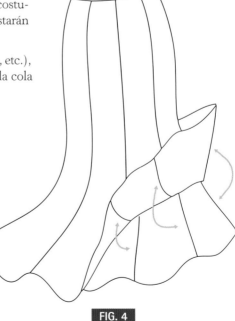

FIG. 4

Aberturas forradas

Cuando se hace un arreglo, una pequeña modificación o una transformación en una prenda, a menudo se trata de aplicar unas aberturas para ensanchar el bajo de una falda, rectificar la forma de un escote que cede o aumentar el ancho de un bajo de manga demasiado ajustado, etc.

En ocasiones, hacer una abertura es la única solución para rectificar una prenda.

La propia abertura es a veces la causante de la deformación en una prenda.

Cuando se quiere mejorar una prenda, antes de aplicar la solución de hacer una abertura, hay que entender las bases de la construcción y montaje de una abertura simple y la técnica de cosido con el forro.

Hacer una abertura montada

Dibujar el forro

De todos los modelos de abertura, aquella en que un borde monta sobre otro es la que presenta mayor dificultad, tanto en la construcción como en el montaje. Sin embargo, también es la que más se utiliza en todo tipo de prendas.

A modo de ejemplo, se explica en detalle la forma de realizar esa abertura en una falda recta.

La técnica de montaje es siempre la misma, ya se trate de una abertura forrada o sin forrar, con el forro libre o cerrado (cosido con el jaretón).

Se puede adaptar y utilizar en cada uno de los elementos que componen la prenda: abertura del escote, bajo de la manga, etc.

El dibujo de la construcción de una abertura montada comprende dos formas idénticas integradas en el borde del "brazo" de la abertura, cuando se trata de una manga o de un escote, o en el borde del centro de la espalda en una falda, como en este ejemplo (fig. 1).

La profundidad del pliegue (o ancho del pliegue) depende de su longitud, de la calidad del tejido, del estilo de la prenda, etc. En general, su medida es de unos 5 a 7 cm.

La particularidad de esta abertura es que un plastrón monta sobre el otro, que a su vez queda doblado definitivamente sobre la línea de doblez.

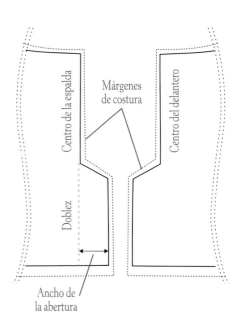

Construcción de una abertura montada

FIG. 1

Para lograr un buen acabado de la abertura, poder coserla y sobre todo para que resulte funcional una vez cosida, hay que aportar unas modificaciones al patrón terminado de la abertura construida para la falda.

En primer lugar, hay que respetar el ancho del forro (pliegue de holgura en el centro de la espalda, de unos 2 cm) y su largo (flexibilidad en el bajo, de 1 cm aproximadamente). Después, restar una parte del pliegue de la abertura para coordinar perfectamente el forro con la forma de la prenda y sobre todo para garantizar la comodidad y la estética de esta.

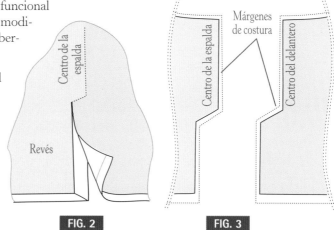

Para lograrlo, tomar una medida que sea el doble del ancho de la abertura en una de las partes de la espalda (izquierda o derecha); después marcarla abajo del forro, a partir del borde de la abertura (fig. 2), y cortar en vertical la altura de la abertura (fig. 3).

Añadir el margen de costura.

Montaje del forro

Unir las dos partes de la espalda con una costura recta, respetando el margen previsto (fig. 4, en azul).

Rematar la costura con unas puntadas hechas a 1 cm del borde, en el ancho de la abertura. Esa corta distancia servirá de margen a la costura de montaje a lo largo de la abertura.

Dar un corte en la parte de la abertura no doblada en el ángulo de la costura establecida, cuidando de no cortar el hilo. Ese corte es necesario para poder separar los márgenes.

95

Antes de planchar las costuras, casar perfectamente la línea de pliegue de la abertura con la costura del centro de la espalda: esa línea debe quedar continua a todo lo largo.

Prender con alfileres, si fuera necesario.

Planchar luego las costuras (fig. 5).

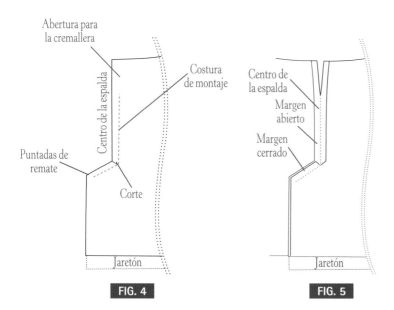

Modificaciones

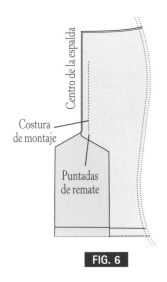

FIG. 6

El forro tiene una forma diferente a la de la falda. La costura de montaje se puede hacer de una sola vez, pero aquí, para ofrecer una explicación más detallada, la operación se ha dividido en varias etapas.

Colocar las dos partes de la espalda del forro como se indica en la fig. 6.

Hacer una costura recta dejando una abertura arriba para la cremallera: su largo corresponde al de la abertura establecida en la falda y su ancho, a los márgenes previstos.

Dar luego unas puntadas de remate en 1 cm aproximadamente de esa costura, donde se inclinan los bordes.

Volver la labor del otro lado y dar un corte en el borde del forro, en la esquina (fig. 7A) y hasta la costura de montaje, con cuidado de no cortar el hilo de esa costura. Ese pequeño corte permitirá desplazar la parte de arriba de la labor.

Casar los bordes del ancho de la abertura y sujetarlos con un alfiler si hiciera falta (fig. 7, flecha negra).

Clavar la aguja de la máquina de coser en el remate de la costura de montaje ya hecha y prolongar esa costura a lo ancho de la abertura (fig. 7B, en azul).

Finalizar la costura dando unas puntadas de remate a 1 cm de los bordes aproximadamente (fig. 7B).

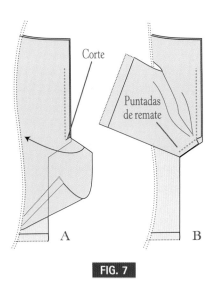

FIG. 7

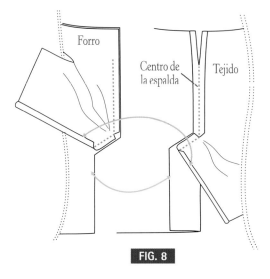

FIG. 8

Por último, unir los bordes de la abertura del forro con los de la falda. Para hacerlo, montar el borde del forro sobre el borde de la falda (fig. 8, flecha verde) y hacer la costura.

Proceder de igual modo en el segundo brazo de la abertura: unir los bordes del forro y de la falda (fig. 8, flecha rosa).

Algunas técnicas de montaje piden que se unan el ancho de la abertura del forro con el de la falda dando unas puntadas a mano.

96

Consejo de modista

El sobrante del largo del forro se debe embeber en el largo del borde del pliegue al hacer la costura de montaje. Es fundamental repartirlo de manera uniforme a lo largo, porque la falta de equilibrio puede deformar la abertura.

Para hacer esta operación "a ojo" se necesitan ciertos conocimientos. Una técnica muy eficaz consiste en situar el forro por debajo del tejido al hacer la costura de montaje de los dos bordes de la abertura: el del tejido y el del forro.

Luego, en la máquina de coser, hay que aflojar ligeramente la presión del prensatelas sobre los dientes de arrastre. Esa regulación permite deslizar más fácilmente el prensatelas sobre la tela de encima y retener la tela de debajo con los dientes, con lo que se formará automáticamente un frunce en el borde del forro. De este modo, la tela sobrante quedará embebida de manera uniforme a lo largo de la abertura.

Regular también el largo de puntada según el grosor del forro: para una tela gruesa y con apresto, seleccionar puntadas más largas; para una tela fina y fluida, seleccionar puntadas más pequeñas.

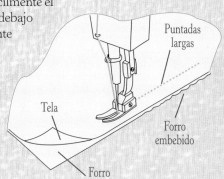

Arreglar una abertura

La altura de la abertura está deformada

Ese defecto lo produce una operación aplicada durante el montaje y que no siempre es necesaria para ciertas calidades de tejidos. Se trata de una costura que une todos los bordes (forro y tejido) del ancho de la abertura a lo largo de la misma (fig. 9).

Esa costura bloquea el largo de la tela; todas las deformaciones naturales (peso, estiramiento, etc.) o las provocadas por el uso, hacen que el tejido se arrugue en la parte alta de la abertura.

En principio, esa costura de montaje solo se debe aplicar en tejidos bastante rígidos y sin mucha elasticidad en la dirección del hilo. Se desaconseja en otros tipos de tejido.

Para arreglar ese defecto que afea la abertura, separar las dos partes del ancho de la abertura que se han montado en altura, deshaciendo la costura de montaje.

En caso de que, después de descosida esa costura de montaje, la abertura no presente una superficie lisa con una bonita caída de la tela, hay que rehacer las costuras a lo largo (ver pág. 99).

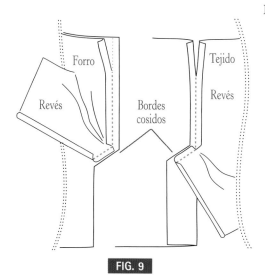

FIG. 9

El largo de la abertura está deformado

A lo largo de toda abertura (de tabla sencilla o de tabla encontrada), el forro queda cosido con el tejido de la prenda. En la mayoría de los casos, la costura de unión es la causante de la deformación de la abertura (fig. 1): ya sea por el distinto peso del forro y del tejido, por un montaje mal hecho, por no casar los largos o por un mantenimiento incorrecto. La caída del tejido debe quedar perfectamente vertical.

El defecto se marca mucho en aberturas bastante largas: en el bajo de faldas o de abrigos largos, por ejemplo. Esas deformaciones son fáciles de arreglar.

Para rectificar la caída de las dos partes de la abertura, primero separar el forro y el pliegue de abertura descosiendo la costura de unión que hay a lo largo.

Cuando el forro esté montado en el doblez del jaretón (montaje tubular), hay que descoser primero esa costura de montaje, de 5 a 10 cm, para poder tomar las medidas con comodidad y realizar después el montaje.

A continuación, limpiar y presionar ligeramente con la plancha los bordes descosidos del forro y del pliegue.

Proceder igual en la otra parte de la abertura.

Medir el largo del pliegue y el largo del forro (fig. 2). Comparar las dos medidas.

98

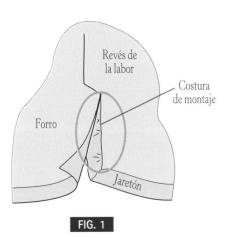

FIG. 1

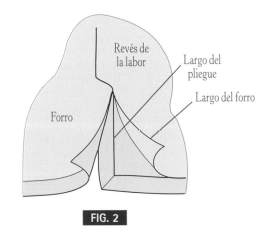

FIG. 2

Si el forro es 1 o 2 cm más largo, la construcción está bien hecha. La rectificación de esa deformación de la abertura debe hacerse en la técnica de montaje (ver recuadro más abajo).

Si las dos medidas (largo del pliegue y largo del forro) son iguales, el defecto se corrige aumentando el largo del forro con un añadido.

Cortar el añadido, respetando la dirección del hilo, en un tejido de forro de la misma calidad que el original de la prenda; su ancho será igual a la diferencia de los largos (aproximadamente de 1 a 2 cm) y su largo igual al ancho original del bajo de la prenda.

Añadir margen de costura todo alrededor y montarlo con el bajo del forro. Planchar las costuras abiertas.

Hacer la costura de unión a lo largo de la abertura, respetando el margen original (ver recuadro más abajo).

Si el montaje está bien hecho, el largo aumentado del forro debe quedar embebido de manera uniforme por el largo de la abertura (fig. 3).

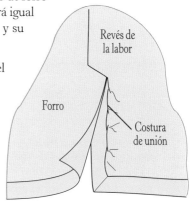

FIG. 3

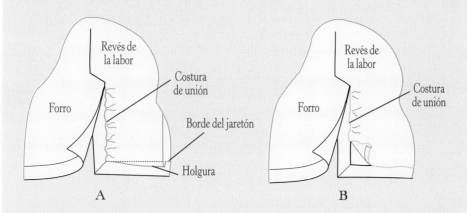

Conviene saber

En todas las formas y modelos de aberturas forradas, sin excepción, el forro incluye cierta holgura a lo largo, de 1 a 2 cm, con relación a las medidas de la prenda. Esa diferencia, más o menos importante, depende del peso del tejido, de su elasticidad o también del largo de la abertura y del lugar en que se aplique: bajo de la prenda, bajo de la manga o escote, por ejemplo.

Si el forro está cosido con el borde del jaretón (en tubular), la ventaja es que el largo del forro de la abertura forma una holgura abajo, indispensable para que el tejido de la prenda tenga buena caída (fig. A).

Si el forro no está cosido con el jaretón, su largo cae libremente y cubre el borde del jaretón, dando una mejor calidad al acabado (fig. B).

Modificaciones

Pantalones

La construcción característica de los pantalones no siempre permite aplicar las modificaciones que se desean. Por eso, la mayor parte de los arreglos afectan solo al bajo (hacer un jaretón o una vuelta, acortar o alargar el pantalón); con menos frecuencia se hacen arreglos a la parte de arriba (por ejemplo, modificar el tiro). Aquí se examinan los problemas más frecuentes en esas labores que, en general, no son muy complicadas.

Hacer un jaretón

Para obtener un resultado correcto, basta con hacer una costura a máquina o a mano adaptada a la calidad del tejido y elegir el tipo de bajo que mejor se adapte al modelo del pantalón.

En el comercio se encuentran pantalones con el bajo sin terminar, solo con los cantos sobrehilados, pero no siempre se propone un servicio de arreglos para determinar el largo y hacer el jaretón. Ese trabajo se puede hacer perfectamente, aunque no se disponga de máquina de coser; una costura bien hecha a mano queda tan fuerte como una hecha a máquina.

Pero antes de hacer el jaretón, hay que determinar el largo exacto del pantalón.

Determinar el largo del pantalón

La persona a la que se tomen medidas debe mantenerse derecha, bien apoyada sobre las dos piernas. Es también importante que lleve el calzado con la altura de tacón que utilice habitualmente con ese pantalón. Si el largo se fija con zapato plano, el pantalón quedará corto con zapato de tacón y viceversa.

Para establecer el largo deseado, doblar el tejido sobrante hacia dentro, ajustar el doblez y prender con alfileres para mantenerlo (fig. 1).

Técnicamente es más fácil doblar el largo sobrante hacia fuera, pero en ese caso las marcas quedan por el revés del tejido y luego hay que trasladarlas hacia el derecho para seguir trabajando; se aconseja, por tanto, meter hacia dentro el jaretón y marcar el doblez por el derecho del tejido. El resto del trabajo resultará más fácil de este modo.

FIG. 1

El largo se determina en una sola pernera porque la otra se fijará con la primera.

100

Igualar el largo de las dos perneras

Extender el pantalón sobre una superficie plana.

En todos los modelos de pantalón (anchos o ajustados, acampanados o rectos) que estén confeccionados correctamente, las costuras de montaje del largo deben superponerse sin dificultad, formando pliegues (rayas) rectos en la espalda y en el delantero (fig. 2, dobleces centrales en rojo).

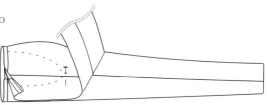

FIG. 2

Para toda operación que afecte al largo del pantalón, superponer las cuatro costuras, empezando por las dos exteriores a partir de la cintura. Prender.

Tomar las medidas del largo del pantalón en una sola pernera permite determinar con facilidad la forma del bajo del pantalón y hacerla idéntica en las dos perneras; para ello, extender el pantalón de manera que la parte del doblez prendido quede hacia arriba (fig. 3).

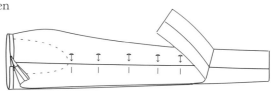

FIG. 3

El pantalón prendido a lo largo de la costura se debe mantener con los alfileres hasta el final de la labor; de este modo se controlan mejor las dos partes.

Situar el último alfiler a cierta distancia del borde (unos 20 a 25 cm, por ejemplo) para no entorpecer las operaciones siguientes: corte, costura, planchado, etc.

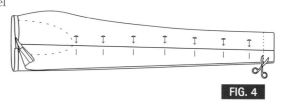

FIG. 4

Con ayuda de una regla, dibujar el largo fijado anteriormente.

Añadir el alto del jaretón (fig. 5). Siguiendo la línea del jaretón, cortar primero el sobrante de tejido en una pernera; luego, siguiendo la línea de corte, cortar el tejido sobrante de la segunda pernera.

Largo total

Jaretón

Doblez

FIG. 5

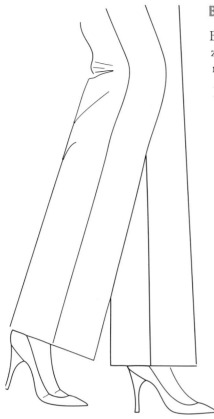

Bajo recto

El bajo más utilizado en un pantalón es el de corte horizontal. Se puede aplicar en cualquier modelo: pantalón recto, acampanado, etc.

Para empezar, ver las etapas de las páginas 100 y 101.

Marcar el largo solamente en la parte visible de la pernera, situada en el derecho. Volver a dibujar las marcas con ayuda de una regla, asegurándose de que la línea quede perpendicular a la línea de costura del costado del pantalón. Esta etapa es muy importante porque sobre esa marca se establecerá el doblez del jaretón.

A partir de la línea de doblez, añadir el largo que se desea para el tipo de jaretón elegido (fig. 1, en verde oscuro). En función del modelo de pantalón, de la calidad del tejido, del ancho del bajo y, naturalmente, del gusto de cada uno, se puede hacer un jaretón sencillo, un dobladillo, un bajo con vuelta, etc.

102

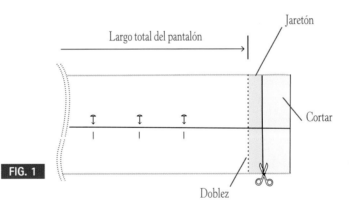

Largo total del pantalón

Jaretón

Cortar

Doblez

FIG. 1

Conviene saber

En general, en todos los modelos de pantalones el ancho del jaretón sencillo es de unos 2 cm y se sobrehílan los cantos. En la industria del prêt-à-porter se fija con una costura a máquina invisible, excepto en los vaqueros.

Siguiendo esta última línea, cortar primero la pernera de encima y luego, siguiendo esa línea de corte, cortar el tejido sobrante de la pernera situada debajo.

No hay que cortar las cuatro capas de tejido al mismo tiempo porque la cuchilla de debajo de las tijeras levanta el tejido y los largos del pantalón quedarían desmentidos.

Antes de quitar los alfileres prendidos a lo largo de la costura del costado, comprobar que los anchos de los dos jaretones (pernera izquierda y derecha) sean iguales. Si fuera necesario, mantener el pliegue pasando un hilván por las dos perneras y aplastar el doblez con la plancha.

Rematar los bordes: hacer una pequeña nervadura si se trata de un dobladillo o sobrehilar los cantos si se trata de un jaretón sencillo. Fijar primero el jaretón con la costura elegida (ver las págs. 22-23) a mano o a máquina: cruzada, invisible, escondida, etc.

(ver las págs. 22-23)

Consejo de modista

Dependiendo del modo de establecer un jaretón en el bajo del pantalón, es más fácil trabajar por el revés o por el derecho; por ejemplo, tomar las medidas y planchar se hace mejor sobre el derecho de la labor. Aplicar las costuras de unión del jaretón dependerá de la técnica elegida (a mano o a máquina). El ancho del bajo de las perneras es a veces limitado y se escogerá el método que mejor se adapte a él.

– Si el jaretón se cose a máquina, es más fácil hacerlo trabajando por el derecho y cosiendo el jaretón por dentro del bajo del pantalón;

– Si se cose a mano, es casi obligado volver la pernera del revés; así, las puntadas son más fáciles de dar.

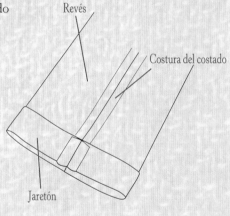

Revés

Costura del costado

Jaretón

103

Bajo al bies

En un pantalón recto o acampanado, por lo general se suele cortar la línea del bajo al bies cuando el modelo lleva un doblez central (raya) bien marcado con la plancha.

La medida de la diferencia entre el largo de la espalda y el del delantero depende del ancho del bajo, del estilo del pantalón (de fiesta o de calle), de su utilización (para zapato plano o tacones) y, naturalmente, del gusto personal.

Determinar el largo del pantalón aplicando el desmentido elegido entre la espalda y el delantero y fijar el doblez del bajo con alfileres prendidos a espacios regulares alrededor del bajo de una sola pernera; después, extender el pantalón sobre una superficie plana y superponer las dos perneras, prendiéndolas a lo largo de la costura exterior del costado del pantalón (ver las págs. 100-101).

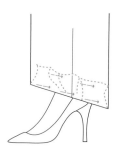

104

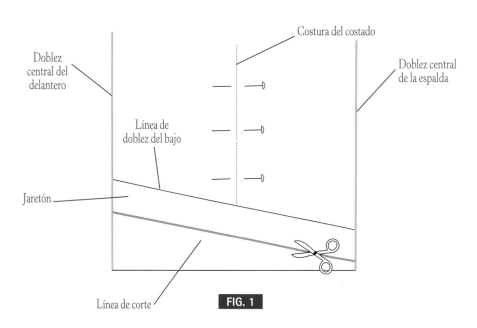

FIG. 1

Retirar los alfileres que sujetan el jaretón y volver a dibujar la línea del bajo del pantalón. A partir de la línea de doblez, añadir el alto del jaretón y dibujar una línea paralela a la línea de doblez (fig. 1, en azul). Cortar la tela sobrante por esta última línea dibujada.

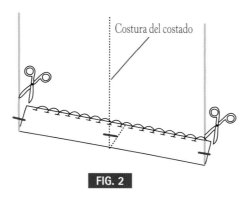

Costura del costado

FIG. 2

La inclinación del borde del bajo del pantalón hace que el borde del jaretón doblado forme un ángulo en el interior.

Para que no tire del doblez central del delantero hay que dar unos cortes en el borde, pero sin llegar a la línea de doblez (fig. 2).

En el doblez central de la espalda, por el contrario, el jaretón formará un pliegue. En un tejido grueso se corta el sobrante; en un tejido fino se da un corte para superponer los bordes (fig. 3).

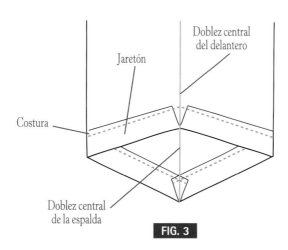

Doblez central
del delantero

Jaretón

Costura

Doblez central
de la espalda

FIG. 3

Si el jaretón se cose a mano, empezar por el doblez central del delantero. El jaretón se coloca de forma natural abriéndose entre los bordes cortados.

Respetando esa separación, detener la costura 1 o 2 cm antes de llegar al doblez central y empezar de nuevo al otro lado del doblez, a la misma distancia de él.

Si se cose a máquina con puntadas invisibles, no es necesario hacer esa maniobra.

Bajo acampanado

En un pantalón de campana, las líneas del costado y de la entrepierna se sitúan en ángulos que no son rectos.

Establecer un bajo en ese modelo exige aplicar ciertas modificaciones en los extremos de la altura del jaretón a partir de la línea de doblez y esto es aplicable a cualquier modelo de pantalón, falda, abrigo o chaqueta que lleven el bajo acampanado.

El largo del borde del jaretón es más importante que el largo de la línea de doblez del bajo. La tela sobrante forma un pliegue, que se sitúa en el margen de la costura del costado, difícil de aplastar con la plancha e imposible de embeber en la costura (fig. 1).

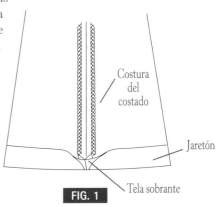

Costura del costado

Jaretón

Tela sobrante

FIG. 1

Si se quiere ajustar el borde del jaretón en la costura de unión del costado, hay que eliminar el pliegue que se ha formado en la altura del jaretón; para hacerlo, doblar la pernera sobre el largo de la costura del costado, con el doblez central en medio (fig. 2).

Después, doblar el jaretón a la altura deseada y marcar el trozo de tela que sobresale a cada lado de la pernera (fig. 2, en verde).

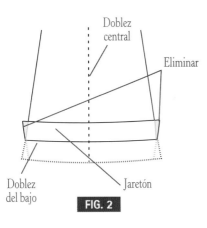

Doblez central

Eliminar

Doblez del bajo

Jaretón

FIG. 2

Añadir el margen de costura y eliminar los picos de tela (fig. 3).

Hacer una costura recta sobre el margen de costura.

Dar cortes en el margen, sobre la línea de doblez del jaretón, para que la tela no abulte en los márgenes de la costura de unión.

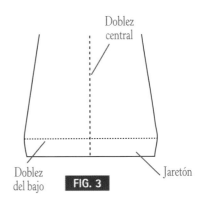

Doblez central

Doblez del bajo

Jaretón

FIG. 3

Arreglos y modificaciones de prendas de vestir

Bajo estrecho

Establecer un jaretón en un pantalón de corte estrecho, es decir, ajustado hacia abajo, requiere aplicar una técnica especial. Como sucede en el corte con líneas de los costados acampanadas (ver modelo anterior), el largo del borde del jaretón no es igual al de la tela sobre la que se cose.

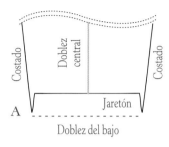

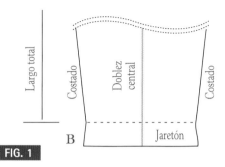

FIG. 1

En el caso de un modelo estrecho, el borde del jaretón doblado es demasiado corto (fig. 1A). Una vez cosido y rematado, va a tirar. Si existe la posibilidad de modificar el ancho de la pernera en la altura del jaretón se establece la misma inclinación de los bordes que tiene el corte, partiendo de la línea de doblez del bajo (fig. 1B).

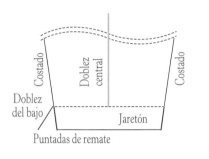

FIG. 2

Si no es posible hacerlo, hay que optar por una técnica poco habitual, pero sin duda adecuada para un arreglo, que se utiliza para acortar un pantalón o para hacer el jaretón de un pantalón ya confeccionado.

Marcar la altura del jaretón con un hilván. Luego, descoser la costura de unión (si está hecha) hasta el hilván (fig. 2, en rojo).

En la costura de unión, dar unas puntadas de remate a unos 2 o 3 mm por debajo del doblez marcado por el hilván (fig. 2).

Doblar el jaretón por las marcas del hilván y fijarlo con puntadas invisibles, a mano o a máquina, colocando bien los bordes descosidos para que se abran de forma natural sobre la línea del costado (fig. 3, en rojo).

El ancho de esa separación cambia en función de la inclinación de las líneas del costado.

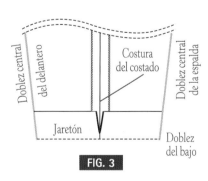

FIG. 3

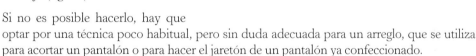

107

Bajo ajustado

Los pantalones ceñidos que moldean el cuerpo y se ajustan a él, como por ejemplo los leggings, suelen ser de tejido elástico.

Los puntos de costura con los que se sujeta el jaretón tienen que soportar la densidad del tejido para impedir que los hilos se rompan, sobre todo al meter los pies.

En la industria del prêt-à-porter, de todas las costuras que se realizan con máquinas especiales, la que más se utiliza para fijar el jaretón es la que hace al mismo tiempo estas dos operaciones: un doble sobrehilado visible por el derecho del pantalón y una costura cruzando los hilos por el revés, que cubre el borde del jaretón para impedir que se deshile (fig. 1, en verde).

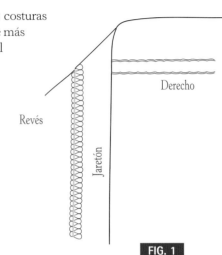

Revés / **Derecho** / Jaretón

FIG. 1

En la confección artesana, en pequeños talleres de costura o de arreglos (o en casa), existen otros métodos para fijar el jaretón en un pantalón ajustado de tejido elástico. Estas costuras también aportan la densidad de los hilos que requiere un tejido de estas características.

Hacer una costura de zigzag a máquina (fig. 2) o de puntos cruzados (punto de escapulario) a mano (fig. 3). Para más información sobre los puntos de costura en los jaretones, ver las págs. 22-23.

Si el pantalón ajustado es de un tejido poco o nada elástico, como algunos modelos de vaqueros, coser el jaretón con una costura recta (ver el capítulo Jaretones, pág. 22).

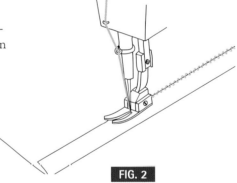

FIG. 2

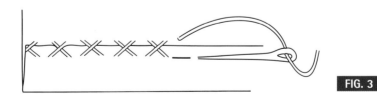

FIG. 3

108

Bajo con aberturas

La construcción y la ejecución del montaje de las aberturas son procesos iguales, cualquiera que sea el tipo de abertura (decorativa o funcional), el modelo de abertura (sencilla, con tabla sencilla o encontrada) o la prenda de vestir en la que se establezca (falda, pantalón, chaqueta, abrigo o manga).

En el bajo de la abertura, el jaretón y el doblez de la abertura se superponen y forman un engrosamiento. Para que no estorbe y para que la abertura quede bonita, hay que colocar correctamente los bordes de estos dos elementos. Para el acabado de la abertura existen tres técnicas que pueden aplicarse lo mismo a un pantalón que a una falda o a una chaqueta.

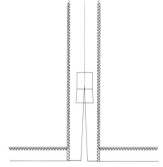

Cuando la abertura tiene una altura importante, sus márgenes deben ser más anchos que los de la costura de unión (fig. 1) para que al andar no se vean los bordes del doblez de la abertura, como por ejemplo en la espalda de una falda. Al hacer un arreglo, a veces es imposible darle más ancho porque los márgenes ya están definidos.

En un pantalón, la altura de la abertura es pequeña (de 2 a 5 cm en general) y, en ciertos modelos, no supera la altura del jaretón; en ese caso no es necesario ensanchar los márgenes. En general, las aberturas en el bajo de un pantalón son decorativas y su aplicación no reviste complicaciones especiales.

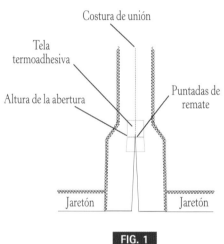

Costura de unión

Tela termoadhesiva

Altura de la abertura

Puntadas de remate

Jaretón   Jaretón

FIG. 1

Margen de la abertura visible

El acabado de la abertura hecho según este método ofrece un resultado impecable porque el largo del doblez de la abertura no se interrumpe con el borde del jaretón. La costura de unión de los márgenes se hace abajo del todo de la abertura, sobre el doblez del jaretón (fig. 2, en rojo).

El acabado del bajo de la abertura siguiendo esta técnica se suele utilizar para aberturas largas y en tejidos gruesos, porque la costura de unión queda encima del doblez del jaretón.

El inconveniente de este método es que, en caso de tener que arreglar el ancho o el largo de la abertura, primero hay que determinar si el grosor del tejido en la esquina del jaretón (jaretón más doblez de la abertura) se ha reducido cortando el pico. Si se ha hecho así, hay ciertos arreglos que no se pueden aplicar.

FIG. 2

Modificaciones

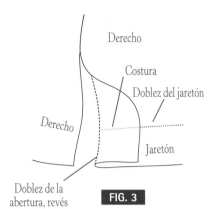

FIG. 3

Colocar la prenda sobre el derecho del tejido y volver el margen de la abertura, montándolo sobre el doblez del jaretón descosido (fig. 3).

Hacer una costura recta sobre el pliegue de la abertura siguiendo el doblez del jaretón; terminar con unas puntadas de remate (fig. 3, en rosa). En el caso de un tejido grueso, para reducir el volumen en la esquina, cortar el pico en esa parte del pliegue.

Volver hacia el derecho el pliegue de la abertura y coser el jaretón desde el borde del pliegue.

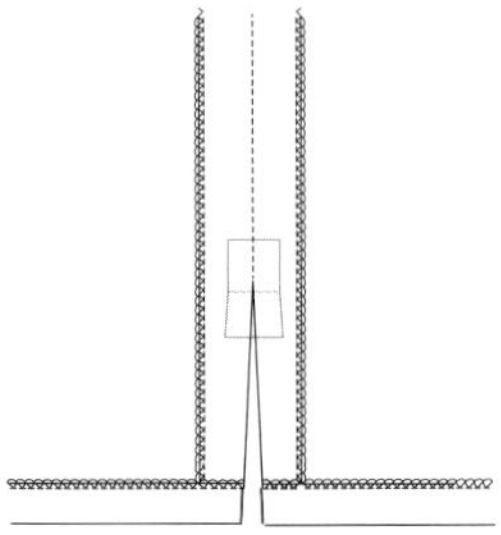

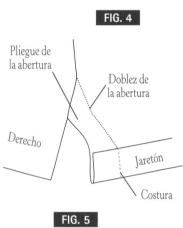

FIG. 4

El jaretón cubre el margen de la abertura

Esta manera de montar el pliegue de la abertura y el jaretón se aplica siempre que el borde del pliegue de la abertura lleve una costura sobrecargada, porque el grosor de la costura (fig. 4, en rojo) hace que el borde se vuelva con facilidad y que el jaretón quede a la vista.

En general, esta técnica se utiliza en telas finas o con bastante apresto, que se aplastan fácilmente con la plancha (algodón, seda, tafetán) y cuando el jaretón es poco alto (no más de 5 cm).

Extender la prenda por el derecho, desdoblar el margen de la abertura y cubrirlo con el jaretón (fig. 5).

Hacer una costura recta sobre el jaretón siguiendo el doblez de la abertura; terminar la costura dando unas puntadas de remate (fig. 5, en rosa).

Para evitar volumen en la esquina, en caso de que el tejido sea grueso, sacar el pico de esa parte del pliegue. Volver el pliegue de la abertura hacia el derecho y coser el jaretón.

FIG. 5

Acabado impecable del bajo de la abertura

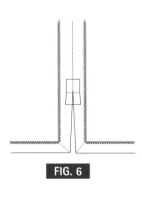

FIG. 6

Esta técnica suele utilizarse en la confección de prendas de alta costura. En general, los dos pliegues (abertura y jaretón) tienen un mismo ancho para que la unión de los bordes case en la esquina (fig. 6, en rosa).

Colocar la prenda del derecho. Doblar los márgenes de la abertura y del jaretón y sujetarlos con alfileres.

Casar los bordes que se unen y prender la esquina aplastada sobre el tejido base. Marcar el emplazamiento de la costura (fig. 7, en rosa).

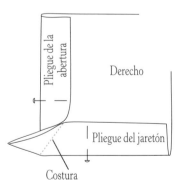

FIG. 7

Hacer la costura, cortar el pico dejando márgenes estrechos. Volver los pliegues hacia el revés y planchar con los márgenes abiertos por dentro de la esquina.

Adaptar una vuelta

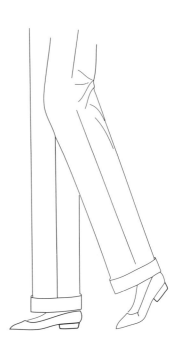

En general, se pone vuelta en pantalones con la "raya" (pliegue central) bien marcada.

La vuelta de un pantalón es un pliegue del tejido y, cualquiera que sea el método aplicado, se compone siempre de un pliegue doble en la parte visible y de un pliegue del tejido que remata el borde del bajo (es decir, un jaretón).

En el caso de arreglar o modificar el largo del pantalón, es necesario adaptar la vuelta (igual que el remate del bajo) al modelo y al tejido. Sin embargo, a veces el modelo original no permite aplicar la vuelta que se desea. Aquí se presentan las tres técnicas más utilizadas para formar una vuelta; se pueden adaptar muy fácilmente al corte del pantalón (recto, acampanado o ajustado).

Vuelta con pliegue sencillo

El ancho de la vuelta se incluye parcialmente en el largo total del pantalón (más o menos las tres cuartas partes de la altura de la vuelta).

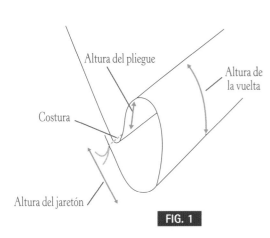

Altura del pliegue

Altura de la vuelta

Costura

Altura del jaretón

FIG. 1

Para ello, construir la vuelta por arriba con un pliegue doble que mida aproximadamente un tercio de la altura total de la vuelta (fig. 1). Construir el bajo de la vuelta con un pliegue sencillo que determina la altura total de la vuelta (las otras tres cuartas partes de la medida de su altura) y permite también establecer la altura del jaretón.

La altura del jaretón debe cubrir el primer pliegue construido por dentro del pantalón, entre 1 y 2 cm; esa medida es necesaria para el margen de la costura. Hacer la costura siguiendo el primer pliegue de la vuelta (fig. 1, en rosa).

Planchar las vueltas sobre una base muy blanda para no marcar por el derecho el doblez del revés.

Conviene saber

En caso de tener que hacer un arreglo, esta técnica de aplicación de una vuelta ofrece muchas ventajas:
– La altura de la vuelta se puede utilizar para alargar el pantalón.
– Los pliegues de la vuelta no llevan mucha tela, por lo que el método resulta económico.
– La vuelta no se desdobla fácilmente porque el primer pliegue tiene poca altura.
– La vuelta es adecuada a casi todas las calidades de tejidos (gruesos o finos), excepto a las telas transparentes, porque en ellos se verían los distintos pliegues, el de arriba (doble) y el de abajo (sencillo).

Vuelta con pliegue doble

Esta técnica, muy habitual, consiste en doblar el tejido con dos pliegues de igual medida (son visibles por el derecho) y un tercer pliegue más pequeño fijado por dentro con una costura.

Los pliegues de la vuelta, establecidos a la altura que se desee, se sujetan con una costura recta (fig. 2, en rosa).

Formar los pliegues de la vuelta siguiendo la línea de la costura y aplastarlos con la plancha.

Para que el pliegue no se desdoble, sujetarlo con unas puntadas en las costuras de unión de la pernera (costuras del costado y de la entrepierna).

La vuelta de este tipo es adecuada para tejidos con bastante apresto, pues en ellos queda permanente el doblez de los pliegues fijado con la plancha.

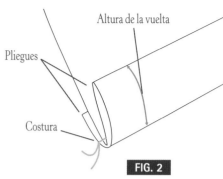

FIG. 2

Vuelta postiza

Este tipo de vuelta consiste en una cinta que se confecciona aparte y se monta luego en el borde del bajo del pantalón.

Los dos pliegues que forman la vuelta pueden tener una misma altura (fig. 2) o alturas distintas (fig. 1) si se quiere alargar el pantalón.

Este método ofrece también la posibilidad de añadir una banda decorativa de otra tela (para un pantalón de noche, por ejemplo).

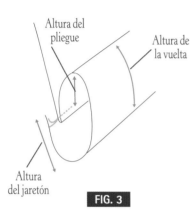

FIG. 3

112

Construcción de la vuelta

Para formar una vuelta en el bajo de un pantalón con las técnicas antes expuestas (figs. 2 y 3), la altura de la vuelta debe determinarse al mismo tiempo que el largo total del pantalón (fig. 4, en verde).

Para ello, cortar una tira de tela o de papel de la altura que se desee para la vuelta (fig. 5, en verde).

Colocarla en el borde del bajo del pantalón, de manera que aproximadamente 1/3 de su ancho cubra el borde; comprobar al mismo tiempo el largo total del pantalón.

Añadir las medidas de los pliegues y la altura de la vuelta (fig. 4, en beis, verde y rosa) y prolongar el largo del pantalón otro tanto.

No olvidar marcar con un hilván el emplazamiento de los dobleces en el bajo del pantalón (fig. 6, líneas en negro, azul y rosa).

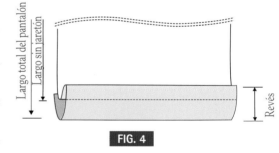

FIG. 4

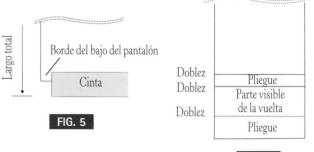

FIG. 5

FIG. 6

Vuelta en un bajo acampanado

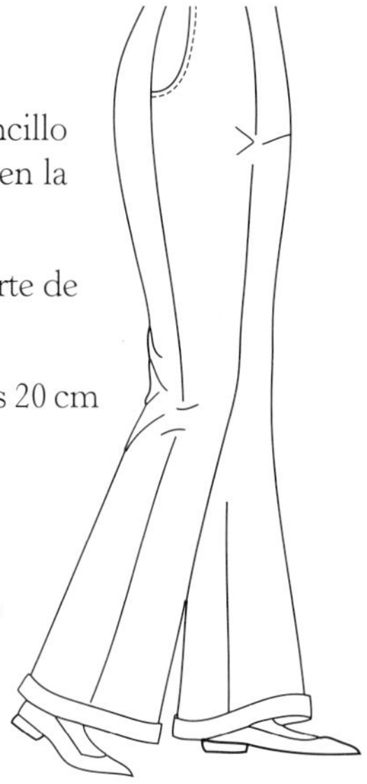

Formar una vuelta en un modelo de pantalón acampanado es bastante sencillo siempre que el largo total sea suficiente para realizar los pliegues que componen la vuelta (ver pág. 112).

Para establecer correctamente la vuelta, hay que trabajar por separado en la parte de la espalda y la del delantero del pantalón.

Para ello, deshacer las costuras del costado y de la entrepierna de la pernera unos 20 cm por encima de la línea del bajo del pantalón.

Construcción de los pliegues de la vuelta

Establecer la vuelta según la técnica que se prefiera (ver las págs. 111-112), asegurándose de que el ancho de cada pliegue sea idéntico en la espalda y en el delantero de la pernera. Planchar ligeramente o prender.

Debido a la inclinación del borde, el ancho de los pliegues sobresaldrá por el ancho del bajo del pantalón. Con ayuda de una regla, prolongar la línea de acampanado del pantalón en la vuelta (fig. 1A). Después, cortar la tela que sobresalga de esa línea.

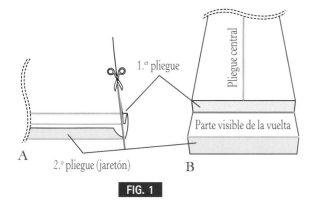

FIG. 1

Pasar un hilván por los dobleces de los pliegues de la vuelta para marcarlos.

Cerrar la pernera haciendo las costuras del costado y de la entrepierna, respetando la parte de arriba de los pliegues.

Formar los pliegues de la vuelta siguiendo los hilvanes. Sujetarlos con alfileres o con un hilván.

Dar unas puntadas a mano o a máquina en cada costura de unión del costado y de la entrepierna. Planchar y quitar los alfileres o los hilvanes.

Vuelta postiza

Es bastante rápido y sencillo alargar un pantalón, o simplemente darle un nuevo aire, añadiéndole una vuelta. Como esta vuelta se construye aparte, hay que dibujar en un papel la parte baja del pantalón. Situar este dibujo en la parte superior de la hoja para dejar suficiente espacio en la parte inferior para dibujar la vuelta.

Construir el patrón de la vuelta (fig. 2).

Separar el patrón de la vuelta del dibujo de la parte baja del pantalón. Cortar por el primer pliegue para que la costura de unión pueda quedar después tapada por el pliegue siguiente (fig. 2). No olvidar añadir margen de costura arriba de la vuelta, de un ancho igual al margen del bajo del pantalón (fig. 3).

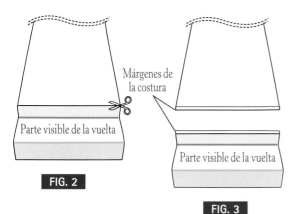

FIG. 2

FIG. 3

113

Vuelta en un bajo ajustado

Al contrario que en un pantalón acampanado (ver pág. 113), la vuelta en un pantalón con la línea estrechándose hacia el bajo no se puede hacer sin modificar la inclinación de la línea de altura del pantalón. Esa modificación viene condicionada por el distinto largo de las líneas de los pliegues de la vuelta (fig. 1A).

Construcción de los pliegues de la vuelta

Para hacerlo, si la vuelta se aplica a un pantalón ya confeccionado, deshacer las costuras del costado y de la entrepierna unos 20 cm por arriba de la línea del bajo del pantalón.

Formar las vueltas siguiendo la técnica que se prefiera (ver las págs. 111-112) y asegurándose de que el ancho de las vueltas sea idéntico en la espalda y en el delantero de las perneras. Planchar ligeramente o prender.

Debido a la inclinación del borde, el largo de cada pliegue será más corto que el largo del pliegue anterior (fig. 1A, en rosa y verde).

Los pliegues de la vuelta así formados van a tirar del ancho del bajo del pantalón. Esto hace preciso modificar la inclinación del largo del pantalón, siempre que el ancho sea suficiente para reducirlo.

Para hacerlo, con ayuda de una regla, dibujar la nueva línea del largo sobre la vuelta plegada, pasándola por los bordes de todos los pliegues (fig. 1A, en azul). Cortar luego la tela que sobresalga de esa línea.

114

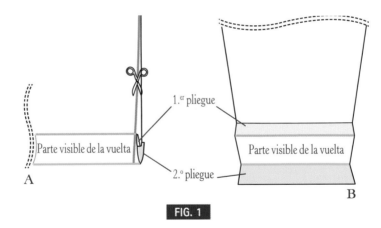

FIG. 1

Pasar un hilván por los dobleces de los pliegues para indicar su emplazamiento.

Cerrar la pernera del pantalón haciendo las costuras del costado y de la entrepierna y respetando la parte de arriba de los pliegues.

Hacer unas muescas en las líneas de plegado de la vuelta y aplastar con la plancha los márgenes de costura abiertos.

Formar los pliegues de la vuelta siguiendo los hilvanes y, para sujetarlos, prenderlos o hilvanarlos.

Dar unas puntadas a mano o a máquina en cada costura de unión del pantalón (costado y entrepierna) para mantener los pliegues de la vuelta. Planchar. Quitar los hilvanes o los alfileres.

Vuelta postiza

La vuelta también se puede construir aparte si no hay tela suficiente para el arreglo, si se desea lograr un efecto decorativo o si lo que se pretende es ahorrar tela, por ejemplo. El procedimiento de construcción de este tipo de vuelta en un pantalón ajustado es el mismo que para un pantalón de campana (ver pág. 113, figs. 2 y 3).

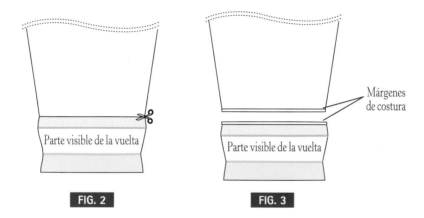

FIG. 2

FIG. 3

Parte visible de la vuelta

Parte visible de la vuelta

Márgenes de costura

115

Chaquetas

En este capítulo se ofrecen todos los consejos e indicaciones útiles para efectuar arreglos en camisas, chaquetas, abrigos, etc.

La construcción y el montaje de estas prendas es mucho más compleja que la correspondiente a una falda o un pantalón, por eso rara vez se hacen en ellas transformaciones importantes. Lo más frecuente es que se hagan pequeñas modificaciones o arreglos sencillos, como establecer un jaretón, reparar un forro y poner o quitar hombreras o bolsillos.

A pesar de todo, algunas de las operaciones que aquí se describen requieren tener unos conocimientos de patronaje (cuando la modificación afecta a la estructura de la prenda) o de técnicas de confección (para el montaje).

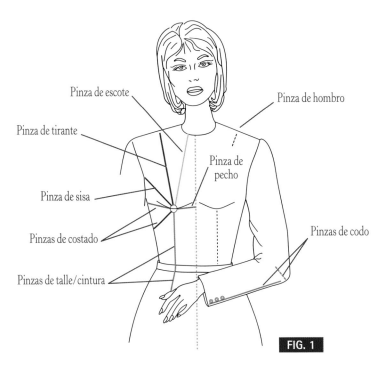

Pinza de escote

Pinza de hombro

Pinza de tirante

Pinza de pecho

Pinza de sisa

Pinzas de costado

Pinzas de codo

Pinzas de talle/cintura

FIG. 1

Situar las pinzas

En la construcción de las prendas de vestir, las pinzas y los cortes sirven para ajustar el tejido a las medidas corporales y a la silueta.

Bien aplicados, dan gracia a la prenda o crean el estilo.

El aspecto de una silueta se puede modificar visualmente con las pinzas, disimulando o realzando ciertas partes del cuerpo, siempre con la condición de situarlas correctamente, ya que de lo contrario deformarían la prenda.

Los arreglos que se realizan en las pinzas suelen afectar a su largo, a su extremo demasiado en punta, al entallado o a la aplicación de nuevas pinzas.

Este trabajo no exige una gran experiencia en costura; basta con seguir atentamente las explicaciones que aquí se ofrecen para arreglar una prenda de vestir.

Coser una pinza

Una pinza bien situada y cosida correctamente debe integrarse en el lugar deseado sin deformar la superficie lisa del tejido (fig. 2A).

Una vez planchada, la costura aplicada en la pinza debe dibujar una línea recta, pero a veces esa línea termina formando una punta: es el resultado de una costura mal aplicada (fig. 2B).

Esa punta se nota sobre todo en tejidos con apresto, como la seda salvaje o el tafetán, que no se aplastan al plancharlos.

Para coser correctamente una pinza, empezar la costura por la parte inferior de la misma, que es la más ancha (fig. 3, flecha rosa).

Luego ir disminuyendo su valor progresivamente.

Para que el final no quede en punta hay que suavizar la línea dirigiendo las cuatro o cinco últimas puntadas a lo largo del pliegue del tejido de la pinza (fig. 3A). Con una zona plana de 0,5 cm más o menos, se obtiene una pinza perfectamente aplastada.

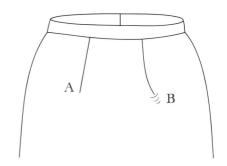

FIG. 2

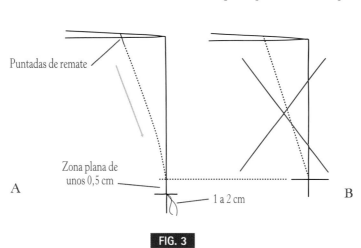

Puntadas de remate

Zona plana de unos 0,5 cm

A

1 a 2 cm

B

FIG. 3

Consejo de modista

Empezar a coser la pinza con unas puntadas de remate. Terminar cortando el hilo a 1 o 2 cm del final de la pinza.

117

Determinar el largo de las pinzas

Delantero

Es bastante fácil determinar el largo de las pinzas en el delantero siempre que el alto y la separación del pecho estén correctamente medidos y que se respete una zona plana.

Esa zona plana es una superficie lisa que se construye acortando el largo de la pinza de 1 a 2 cm alrededor del vértice del pecho, lo que permite dar una forma bonita al mismo (fig. 4, en rojo). La medida depende, claro está, del contorno de pecho.

Esta regla se aplica a todas las pinzas construidas alrededor del pecho.

En las construcciones basadas en medidas estándar, el largo de la pinza del talle no supera los 9 cm, pero ese largo puede variar según la morfología individual.

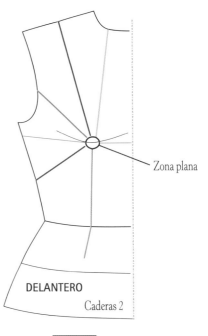

Zona plana

DELANTERO

Caderas 2

FIG. 4

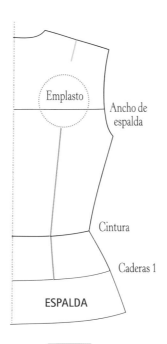

Emplasto

Ancho de espalda

Cintura

Caderas 1

ESPALDA

FIG. 5

Espalda

Lo difícil de la pinza de hombro es situarla perfectamente perpendicular a la línea del hombro (fig. 5, en verde). El largo depende de la morfología personal, pero habitualmente suele variar entre 5 y 7 cm.

Por regla general, la altura de la pinza de la cintura debe detenerse al nivel del emplasto (fig. 5, en azul). En una silueta derecha o en modelos de prendas amplias (como los abrigos, por ejemplo), puede ser algo más larga, pero no debe rebasar la línea del ancho de espalda.

Esa pinza se detiene aproximadamente al nivel de la línea de caderas 1 (de 10 a 11 cm por debajo de la línea de cintura).

118

Entallar con pinzas

Las pinzas aplicadas en una prenda estructuran la silueta y le dan gracia, elegancia y refinamiento, como en el caso de la chaqueta sastre, que es de mucho vestir.

Con las pinzas se puede cambiar sensiblemente una silueta: marcar el talle, hacerla parecer más alta o más esbelta, etc.

Sin embargo, no siempre es posible transformar una prenda ya cosida haciéndole unas pinzas, pues en algunos modelos el resultado puede ser decepcionante: por ejemplo, si la prenda es ancha en los hombros, unas pinzas deformarían su estructura y el resultado sería poco estético.

Primero se hace una prueba prendiendo las pinzas con alfileres y solamente se pensará en realizar la modificación si se mantienen las proporciones de la construcción y si el aspecto de la prenda mejora notablemente.

Para modificar las pinzas en la cintura hay que ponerse la prenda, encajarla bien sobre el cuerpo y abrochar el delantero, porque en las prendas ya confeccionadas, si no se tiene en cuenta la holgura dada en la construcción, no se pueden situar bien las pinzas con la prenda extendida.

Luego se pide ayuda a otra persona para que marque con jaboncillo el nivel de la cintura, la altura del pecho y la altura del emplasto (fig. 1, en rosa).

FIG. 1

Conviene saber

Las marcas de jaboncillo se hacen en un solo lado de la espalda y del delantero; el otro lado se obtiene por simetría.

Sustituir las marcas de jaboncillo por hilvanes para poder ver las marcas por el revés de la labor.

Modificaciones

Volver la prenda del revés. Si está forrada, retirar el forro para que no estorbe (ver también la pág. 29).

Si la espalda lleva costura en el centro, esa línea va a servir como referencia para situar las pinzas. Ahora bien, en una prenda recta, la espalda suele estar cortada sobre el doblez de la tela, sin costura en el centro.

Es necesario establecer esa línea para situar correctamente las pinzas. Para hacerlo, extender la prenda sobre una superficie plana (fig. 2) y medir el ancho a distintas alturas; hacer una marca en medio de esas medidas con un jaboncillo o pasando un hilván (fig. 2, líneas de puntos rosa).

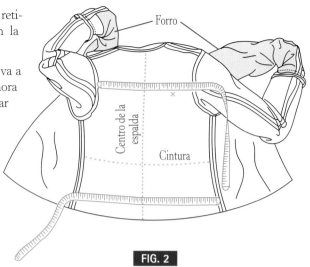

FIG. 2

FIG. 3

Para situar unas pinzas en prendas ya confeccionadas, empezar por marcar las pinzas de entallado en el centro de la media espalda y en el centro del medio delantero (fig. 3), contrariamente a lo que se hace al construir un patrón.

Las pinzas del centro de la espalda y del costado son en cierto modo facultativas y dependen, la mayoría de las veces, de los cortes aplicados o de lo que se abran las líneas; por ejemplo, si no existe costura en el centro de la espalda o cuando la línea del costado se abre en evasé desde la sisa.

A partir de las marcas hechas arriba de las pinzas (fig. 3, cruces en rosa), indicar los ejes dibujando unas lineas perpendiculares a la línea de la cintura (fig. 3, en verde).

Determinar el valor de cada pinza en la línea de la cintura. Los valores se obtienen dividiendo la medida a absorber por el número de pinzas, respetando una zona plana de unos 2 cm por debajo de la cintura (fig. 3, en azul).

Proceder de igual modo al otro lado de la prenda, trasladando las mismas medidas.

Se aconseja, sobre todo, dar un valor pequeño al ancho de las pinzas: si es necesario, esas medidas se podrán modificar durante la prueba.

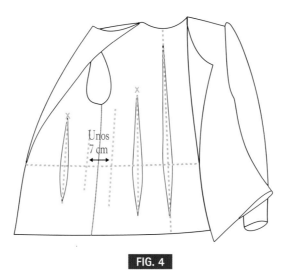

FIG. 4

No siempre se necesita la pinza del centro de la espalda. En una prenda hecha a medida, o en caso de modificación, se aplica según la morfología personal. El valor a absorber no suele superar los 2 cm.

Por el contrario, la línea del costado se debe entallar en la cintura para dar una forma bonita a la prenda.

Si el corte del modelo requiere que esa línea se mantenga intacta para que la modificación quede bien hecha, se pueden formar pinzas en medio del ancho situado entre el eje de la pinza ya hecha en la media espalda (o en el medio delantero) y la costura del costado (fig. 4, en verde).

Hay que tener cuidado para que el ancho de ese "costadillo", medido sobre la línea de la cintura, no sobrepase los 7 cm.

Sin embargo, si la línea del costado es recta, la pinza se puede formar muy bien sobre esa línea, sin estropear la estética de la prenda.

Si la prenda está forrada, habrá que hacer las pinzas también en el forro. Para ello, se utilizan las mismas medidas y emplazamientos que en el tejido de la prenda.

En general, en prendas forradas existe un pliegue de holgura de 1 a 2 cm en medio de la espalda del forro cosido. Al aplicar las nuevas pinzas, hay que asegurarse de tener en cuenta la medida de holgura de la espalda.

Acortar un bajo redondeado

Cualquiera que sea el modelo de prenda (faldón de camisa, bajo de chaqueta o de falda), se utiliza el mismo procedimiento de acortado para mantener los bordes redondeados.

Los bordes redondeados en faldones de camisa suelen coincidir con las costuras de unión del costado y del centro del delantero, excepto, claro está, en los modelos de fantasía, en los que los redondeados se aplican donde dicta la imaginación.

Los bordes se rematan con un jaretón postizo, un dobladillo o un jaretón sencillo estrecho (de hasta 0,5 cm por las dificultades técnicas que ofrece su aplicación).

Para jaretones más importantes hay que recurrir a un método que permita evitar los picos que se forman en el borde del doblez (ver pág. 125, fig. 1).

Jaretón postizo

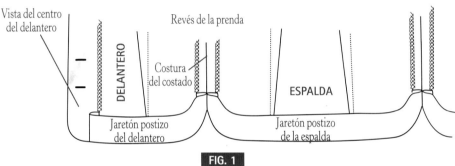

Vista del centro del delantero

Revés de la prenda

DELANTERO

Costura del costado

ESPALDA

Jaretón postizo del delantero

Jaretón postizo de la espalda

FIG. 1

En este ejemplo, el bajo de la camisa se redondea rematando y acabando los bordes con unas tiras de jaretón postizo.

Cada parte (espalda y delantero) del jaretón postizo es un calco de la pieza correspondiente de la prenda. Su altura varía según esté construida la prenda. En general, el jaretón postizo que se pone en el bajo de las prendas forradas o sin forrar mide de 5 a 7 cm.

Para determinar el largo que se desea dar a la prenda, doblar el bajo y prenderlo sin ocuparse de formar las curvas, que ya se redondearán más adelante (fig. 2).

Conviene saber

A la hora de determinar el largo en tejidos gruesos y en prendas forradas, el doblez del borde no queda aplastado. El pliegue abulta y no se ve el efecto deseado. Una vez cortado, el bajo quedará por tanto algo más largo.
Se aconseja volver a probar la prenda después de cortarla por el largo marcado para comprobar si ese largo es el adecuado. Con telas finas no hace falta comprobarlo.

FIG. 2

Medir la altura del acortamiento (ancho del pliegue hacia dentro de la labor) y anotarlo. También se puede pasar un hilván por el borde del doblez con un hilo de color contrastado (fig. 3, en verde).

Después, deshacer la costura de unión del jaretón postizo y del bajo de la prenda.

Limpiar y planchar por separado los bordes del jaretón postizo y de la prenda.

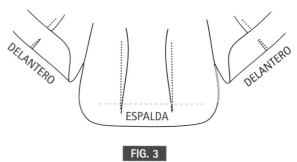

FIG. 3

Descoser la costura de unión del costado hasta una altura suficiente para que no estorbe en las etapas siguientes del trabajo. Si la altura de acortamiento del bajo es de 10 cm, descoser la costura del costado unos 7 a 10 cm más (fig. 3, en azul).

Colocar la parte descosida (la espalda, por ejemplo,) sobre una superficie plana y sujetarla con unos pesos o con clavillos de costura para que no se mueva.

Determinar aproximadamente el centro de la espalda tomando medidas al nivel de la cintura, a media distancia entre las pinzas o entre las costuras de los costados si no hay pinzas (fig. 4A, en rosa).

Marcarlo, formando una línea vertical, con alfileres o con un hilván.

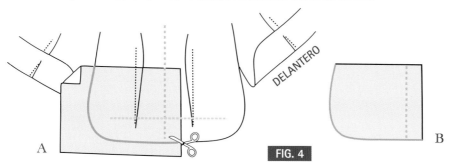

FIG. 4

123

Poner encima una hoja de papel transparente, como papel de calco o papel fino (fig. 4, en verde) y dibujar por transparencia el contorno redondeado del borde (fig. 4A, en azul).

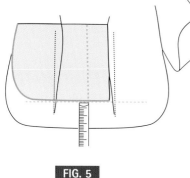

FIG. 5

Cortar el patrón por esa línea (fig. 4B).

Colocar el patrón sobre la prenda de manera que las dos líneas del centro (fig. 5, en rosa) y las dos líneas del borde del bajo (fig. 5, en verde), queden superpuestas.

Marcar el nuevo contorno hasta la línea de centro y luego dibujar de igual manera el borde redondeado del otro lado de la espalda.

Utilizar el mismo patrón para marcar el borde redondeado del costado y del centro del delantero, procediendo igual que para la espalda.

Añadir un margen de costura del mismo ancho que el margen original.

Cortar el bajo de la prenda siguiendo esta última línea dibujada.

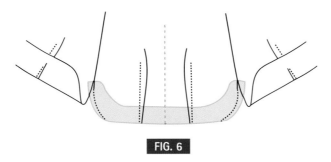

FIG. 6

En prendas que no lleven pinzas en la cintura, las medidas del jaretón postizo corresponden a las del bajo acortado. La forma de los jaretones postizos de la espalda y del delantero no se modifica.

En prendas con pinzas en la cintura, el ancho queda automáticamente modificado cuando se acorta el bajo, porque lo reduce el valor de las pinzas (es más estrecho). En ese caso hay que ajustar el largo del jaretón postizo (fig. 6, en verde).

Para hacerlo, colocar este jaretón de manera que el centro de la prenda coincida con el del jaretón añadido. Luego, siguiendo el contorno de la prenda, cortar el ancho sobrante y redondear los bordes si fuera necesario.

Las medidas de la vista deben corresponder perfectamente a la forma del bajo de la prenda, para que la vista no tire y deforme la prenda.

Para hallar el centro exacto de la parte ya construida y cortada (aquí, el centro de la espalda y el centro del jaretón postizo), basta con doblarla casando los dos extremos. La línea de doblez indica el centro (fig. 7, en rosa).

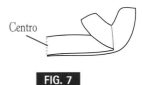

Centro

FIG. 7

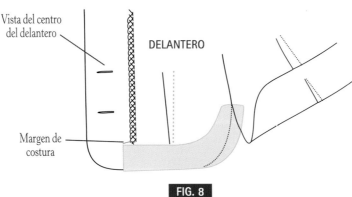

Vista del centro del delantero

DELANTERO

Margen de costura

FIG. 8

Para ajustar el jaretón postizo en el delantero, empezar por determinar el ancho del margen de la costura de unión con la vista del centro del delantero (fig. 8).

Casar los dos bordes de abajo, el de la prenda y el del jaretón postizo. Sujetarlos con alfileres para que no se muevan y, siguiendo el contorno de la prenda, cortar el sobrante del ancho y rectificar el redondeado de los bordes si fuera necesario.

Respetando el ancho de los márgenes de costura originales, cerrar las costuras de los costados de la prenda y coser los jaretones postizos con los bordes del bajo. Utilizar el mismo tipo de costura que hubiera anteriormente.

Jaretón sencillo

En la industria de la confección es una práctica habitual rematar un borde con un jaretón por razones de economía y por rapidez.

La costura que fija el pliegue suele ser invisible por el derecho de la prenda y su altura varía dependiendo del lugar en que se aplique, de la calidad del tejido y del modelo de la prenda.

Por el contrario, la altura del jaretón de un borde redondeado o cortado al bies es bastante limitada; en general, no suele sobrepasar 0,5 cm.

Ese ancho del jaretón garantiza que el doblez quede bonito y liso (fig. 1A); si el jaretón es más ancho, el borde forma unas arrugas alargadas y la línea del redondeado queda a picos (fig. 1B).

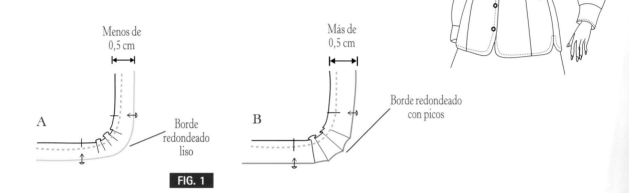

FIG. 1

Los cantos del doblez del jaretón sencillo se suelen sobrehilar para que la tela no se deshile.

Para acortar el largo de una prenda con el bajo terminado en jaretón, se procede igual que para hacer un bajo redondeado con un jaretón postizo (ver pág. 122).

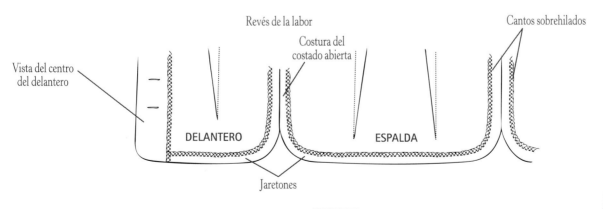

FIG. 2

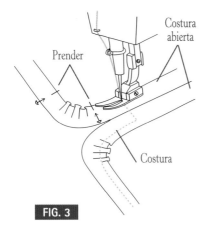

FIG. 3

Para fijar con una costura el pliegue del jaretón se puede utilizar un prensatelas para rematar los cantos o para hacer una costura recta sobre el jaretón (ver Consejo de modista). En este último caso, hacer la costura muy cerca del canto sobrehilado para que no se vuelva (fig. 3, línea de puntos rosa).

Para mantener el pliegue en su sitio, se aconseja prender con alfileres la parte redondeada del jaretón.

Cuando haya que pasar la costura de una pieza de la prenda a otra (de la espalda al delantero, por ejemplo), hay que coser sobre los márgenes abiertos y sin interrumpir la costura para que quede un borde más bonito.

Consejo de modista

Hacer un jaretón no parece muy complicado a primera vista, pero con frecuencia el resultado no es el apetecido en los bordes redondeados o cortados al bies; el doblez se retuerce y es imposible alisarlo, ni siquiera con la plancha caliente.

En la mayoría de los casos, esas arrugas se deben a la regulación de la máquina de coser porque los dientes de arrastre y el prensatelas se deben elegir en función de la máquina y de las operaciones de costura. Las máquinas portátiles o las planas llevan un sistema de base que sirve para las aplicaciones generales de costura y para todo tipo de tejidos: finos, gruesos, con apresto o elásticos; por eso, cada caso específico exige configurar la máquina regulando la presión entre los dientes y el prensatelas.

Para no tener que regular la máquina (que no es fácil) cada vez que se cambia de tejido, hay un truco sencillo que permite hacer correctamente un jaretón en todos los casos. Si se utiliza un prensatelas especial para jaretón (fig. A, a la derecha), en la parte en donde el borde es redondeado, se estira ligeramente el tejido en la línea de costura de la aguja (fig. A, en verde) para no dar de sí el borde. Al estirar, la capa de tejido de debajo queda sujeta por los dientes de arrastre.

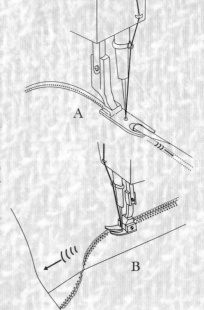

Para coser un jaretón sencillo con el canto sobrehilado utilizando el prensatelas universal hay que sujetar ligeramente el borde del pliegue en un borde redondeado o en un corte al bies (fig. B, flecha roja). Esta técnica ofrece también buenos resultados cuando se hace una costura en varias capas de tela superpuestas: por ejemplo, al montar una cinturilla, un cuello, un puño, etc.

126

Cambiar un cuello

Las operaciones de cambio de un cuello son las mismas para cualquier modelo, ya sea un cuello esmoquin, Mao, con o sin tirilla: hay que quitar el cuello, copiar su forma y coserlo en su sitio.

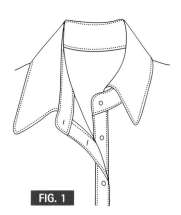

La única excepción es el cuello alto sin costura en la línea del escote. Solamente se puede cambiar el jaretón postizo.

Sustituir el modelo original por otro modelo requiere un buen conocimiento de la construcción del cuello.

Cambiar un cuello camisero

Sustituir un cuello por otro nuevo de igual forma y de las mismas medidas, porque una parte esté desgastada o porque el cuello se haya deformado con los lavados, es un trabajo minucioso pero no difícil.

El cuello camisero con tirilla (fig. 1) es el modelo más habitual, tanto en prendas ligeras (camisas, vestidos) como en prendas pesadas (abrigos, chaquetas).

Las distintas formas de tirilla son más o menos anchas y a veces llevan las puntas redondeadas. En este caso sobresalen más o menos en el centro del delantero, según el modelo de la prenda, y con ellas el cuello tiene una caída muy bonita, sea de la tela que sea: fina o gruesa, fluida o con apresto.

FIG. 1

Cuando se cambia un cuello, no siempre se dispone de la tela original de la prenda, por lo que se elegirá otra tela coordinada con la de origen: color, grosor, etc.

Esta asociación de tejidos no debe ser ni llamativa ni demasiado distinta. Lo mismo se puede decir de los puños, que se cambian también con frecuencia.

Descoser el cuello quitando las costuras de unión de la tirilla con la vuelta del cuello. Planchar los bordes.

Luego, utilizando como plantilla las piezas descosidas, cortar con cuidado la vuelta y la tirilla del nuevo cuello: cortar de la tela dos veces la parte de arriba y dos la de abajo y cortar una vez de percal o de gasilla termoadhesiva (fig. 2).

No olvidar marcar las muescas de montaje.

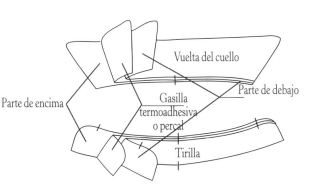

Vuelta del cuello

Parte de debajo

Parte de encima

Gasilla termoadhesiva o percal

Tirilla

FIG. 2

Modificaciones

Pegar con la plancha la parte de encima de la vuelta y de la tirilla con la entretela termoadhesiva o colocar la entretela de percal de manera que, una vez hecha la costura de unión, quede por dentro del cuello en la parte de encima.

Coser primero las piezas de la vuelta del cuello, haciendo en el borde una nervadura o un pespunte si hiciera falta. Planchar.

Montar luego la vuelta del cuello (ya cosida) con la tirilla. Para hacerlo, colocar la vuelta sobre el derecho de una parte de la tirilla y cubrirla con la segunda parte de la tirilla (fig. 3), asegurándose de que las partes entreteladas de la tirilla y de la vuelta queden de un mismo lado.

Hacer una costura recta casando las muescas de montaje de las dos partes (fig. 3, en rosa).

Volver la labor del derecho (fig. 4).

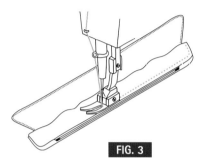

FIG. 3

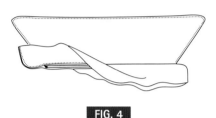

FIG. 4

128

A continuación, colocar el cuello en el escote de la prenda de manera que el derecho de la parte entretelada del cuello quede sobre el revés de la labor. Hacer una costura de unión a la distancia prevista del borde del margen.

Con la última costura se hacen dos operaciones al mismo tiempo: montar la parte inferior de la tirilla con el escote y hacer una nervadura en el borde.

Para que el borde quede bonito y redondeado y no se vean las puntadas de remate de la costura, se aconseja empezar esta en donde vaya a quedar tapada por la vuelta del cuello (fig. 5, en rosa).

Esa costura se hace por encima de la que se había aplicado en el escote; así, los dos lados de la unión quedan bonitos.

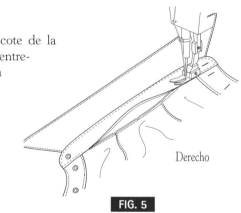

Derecho

FIG. 5

Cambiar un cuello Mao

El cuello militar, o Mao, tiene una forma y una construcción muy parecidas a las de una tirilla. Su altura varía según el modelo realizado o la calidad del tejido utilizado.

Al igual que las demás partes de la prenda que se confeccionan con medidas estándar, los cuellos de este tipo no suelen ajustarse a la morfología de cada uno: resultan demasiado anchos, demasiado estrechos, no están adaptados a las medidas del contorno o de la altura del cuello de la persona.

Cambiar un cuello Mao no debe plantear dificultades especiales. Para trabajar, ver las explicaciones sobre montaje de la tirilla con el escote (página 128, fig. 5).

Más abajo se ofrecen las informaciones básicas necesarias para construir correctamente un cuello Mao del modelo que se desee.

El cuello ceñido se suele utilizar en prendas ligeras; por ejemplo, en el escote cerrado de camisas o de vestidos (fig. 1).

El cuello ligeramente separado del cuerpo se utiliza, en principio, en prendas forradas no muy pesadas, como por ejemplo chaquetas. Ese ligero desbocamiento del cuello se obtiene ensanchando el escote unos 2 cm (fig. 2).

El cuello recto separado del cuerpo es más propio de abrigos, porque deja espacio para un echarpe o un pañuelo; puede aplicarse también en trajes de noche, ya que da un porte elegante a la cabeza. El ensanchamiento del escote, más o menos importante, se elige dependiendo del modelo o del estilo de la prenda (fig. 3).

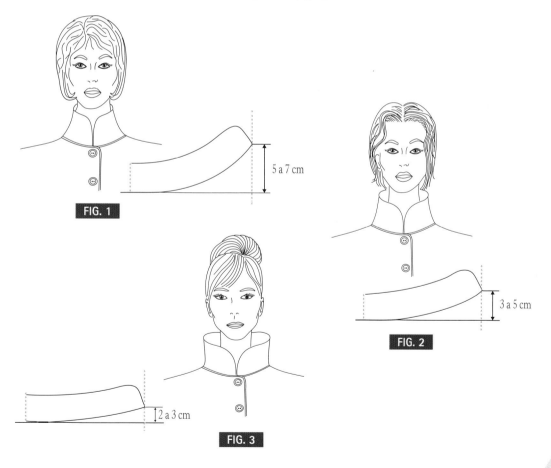

FIG. 1 — 5 a 7 cm

FIG. 2 — 3 a 5 cm

FIG. 3 — 2 a 3 cm

Cambiar o arreglar un forro

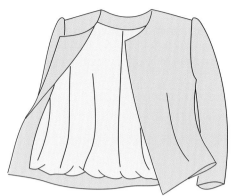

El forro es, en este caso, una copia exacta de la prenda confeccionada en otra tela, con algunas modificaciones en su construcción y montada luego por dentro de la esa prenda.

Para que la prenda forrada resulte cómoda, se deben aplicar ciertas normas que no cambian, cualquiera que sea el modelo o el tejido: la holgura de comodidad del ancho y la holgura de flexibilidad del largo. Tanto en la construcción como en los arreglos, son lo primero que se aplica o que se comprueba.

La excepción son las prendas forradas con un tejido grueso, como por ejemplo de piel (el forro es más pequeño que el tejido de fuera), y los chalecos de hombre (el forro y el tejido de fuera tienen las mismas medidas).

Determinar el ancho y el largo del forro

Para decidir el ancho del forro hay que tener en cuenta la holgura de comodidad del mismo, que se consigue con un pliegue en el centro de la espalda (fig. 1).

En el caso de que el centro de la espalda lleve una pinza de entallado, el pliegue no impide aplicar también una pinza en el centro de la espalda del forro.

Si en el bajo de la prenda el forro se deja suelto, es decir, si no va cosido con el jaretón, el largo se determina según convenga.

Por el contrario, un forro cosido todo alrededor de la prenda debe ser 1 o 2 cm más largo que la prenda.

En general, esa holgura de flexibilidad sobrepasa el borde del jaretón formando un pliegue que llega más o menos a media altura del jaretón (fig. 2).

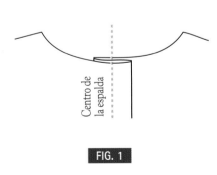

Centro de la espalda

FIG. 1

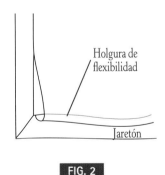

Holgura de flexibilidad

Jaretón

FIG. 2

Patrón de un forro nuevo

Cambiar el forro de una prenda requiere ciertos conocimientos sobre la estructura y el montaje de las prendas.

Ahora bien, aplicando las instrucciones que aquí se ofrecen, hasta los principiantes pueden obtener muy buenos resultados.

En general, se cambia un forro cuando está desgastado, cuando han cedido las costuras o cuando deforma la prenda, por ejemplo tirando hacia abajo.

En este último caso, hay que estudiar bien dónde aparece el defecto para luego hacer las correcciones oportunas en esa parte.

Descoser el forro y separar las piezas deshaciendo todas las costuras de unión y las costuras hechas en el ancho de las pinzas.

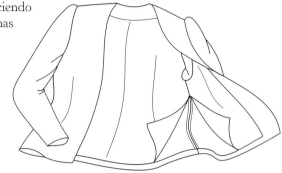

En general, el paso de la aguja de la máquina deja marcas en las telas de forro una vez descosida la costura. Si no hay marcas, dibujar con jaboncillo las medidas de cada pinza: largo y ancho de la tela que hay que absorber.

Planchar con cuidado todas las piezas, asegurándose de que los márgenes de costura estén bien abiertos porque el patrón se dibujará sobre ese contorno para cortar el forro nuevo.

FIG. 1

Si hay que renovar todo el forro porque el de origen estuviera deteriorado, cortar todas las piezas de tela nueva teniendo en cuenta la dirección del hilo, las muescas de montaje y la colocación de las pinzas.

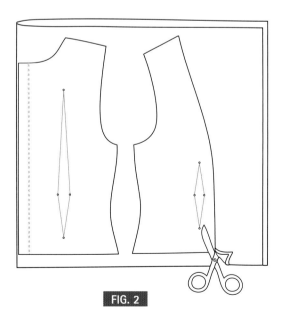

FIG. 2

Si solo hay que aplicar correcciones (porque el forro deforme la prenda, ver pág. 132, fig. 1), colocar las piezas descosidas sobre un papel y dibujar de nuevo el patrón con las medidas (fig. 2).

No olvidar marcar las muescas de montaje y el emplazamiento de las pinzas. Si fuera necesario, aumentar el largo o el ancho del centro de la espalda en el patrón obtenido.

Cortar luego las piezas respetando la dirección del hilo de la tela.

Coser las piezas del forro con la prenda utilizando la misma técnica de montaje que la de origen (ver también pág. 99, Conviene saber, y pág. 29).

Rectificar un forro demasiado corto

Las distintas estructuras que tienen el tejido de la prenda y la tela de forro hacen que ambas no reaccionen de igual manera. Con el tiempo y el uso, la forma de la prenda y la del forro, casi iguales, ya no casan correctamente. La línea recta del doblez del jaretón se interrumpe con el forro que la deforma, tirando de la chaqueta hacia arriba. Esa deformación de la prenda se debe casi siempre a que el forro es demasiado corto o está mal montado en la prenda.

Algunas estructuras de tejido tienen una menor resistencia al estirado que el forro: este mantiene su largo original y tira del tejido de la prenda, que ha dado de sí.

Antes de empezar

Para diagnosticar adecuadamente la causa del defecto y aplicar la solución correspondiente, primero hay que comprobar el emplazamiento del forro y su largo.

Para hacerlo, volver la prenda del revés para tener fácil acceso a todas las costuras de montaje.

Después, casar las costuras de la prenda con las del forro en la unión de la parte baja de la sisa con el costado. Fijarlas con un alfiler (fig. 1, cruz rosa).

Extender la prenda o colgarla de una percha y comprobar si el largo del forro sobrepasa, por lo menos, 1 a 2 cm el borde del pliegue del jaretón (fig. 1).

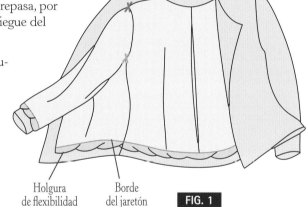

Holgura de flexibilidad   Borde del jaretón   **FIG. 1**

Esa comprobación se efectúa en todas las costuras de montaje: en el centro de la espalda y en los costados de la prenda.

Comprobar igualmente el largo de la manga. Para ello, casar las costuras de la sisa de la prenda con las del forro en el extremo del hombro (fig. 1, cruz azul). Tirar bien del forro hacia abajo y observar si la holgura de flexibilidad del forro sobrepasa la medida en 1 a 2 cm.

Si se comprueba que el largo del forro es el correcto (es decir, que sobrepasa 1 a 2 cm), probar la prenda, teniendo cuidado con los alfileres.

En principio, debe desaparecer el defecto. Si es así, sustituir los alfileres por puntadas a mano para mantener el forro en su sitio.

Si el largo del forro no responde a los criterios de confección, hay que alargarlo.

Alargar un forro

Es bastante sencillo modificar el largo de un forro con un añadido de un ancho adecuado. Lo difícil es el cuidado que hay que tener con el efecto óptico.

La aplicación se hace por el interior de la prenda. Si la prenda se lleva abierta, se verá mucho una pieza añadida en el bajo del forro y la costura de unión producirá un volumen poco agraciado en un lugar bastante frágil.

La línea del bajo de una prenda no siempre es recta, sino que se ajusta a la morfología personal; por eso, no es fácil construir un añadido de 1 a 2 cm adaptado a su forma.

Esa línea del bajo está formada por el pliegue del jaretón, que a su vez suele estar cosido a la prenda con puntadas invisibles. Restablecer esa costura de origen después de modificar el largo tampoco es fácil.

Por eso, para alargar el forro, se aconseja aplicar la modificación a la altura de la cintura, donde se mantiene la línea recta de la tela. El trabajo de aplicación será más sencillo y el resultado tendrá una mejor estética.

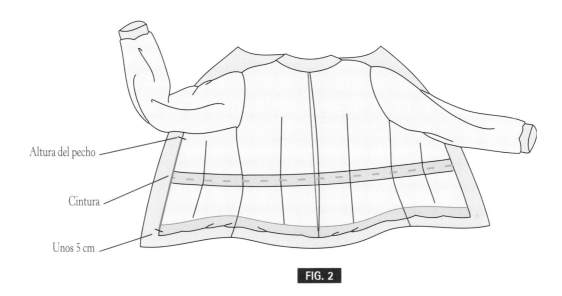

Altura del pecho

Cintura

Unos 5 cm

FIG. 2

Marcar la línea de cintura pasando un hilván o dibujando con jaboncillo a todo lo ancho de la prenda.

Para marcar correctamente la línea, situar primero unas marcas de referencia donde las pinzas sean más anchas y luego unir las marcas con una línea recta (fig. 2, en rosa).

Deshacer la costura de unión del forro con las vistas de los lados del delantero: arriba, a la altura del pecho (donde, en principio, la línea de la vista va al hilo); abajo, hasta unos 5 cm a partir de la costura de unión del forro con el jaretón (fig. 2, en beis).

Cortar por la línea de la cintura siguiendo el hilván. De este modo, el corte ha dividido todas las pinzas (fig. 3).

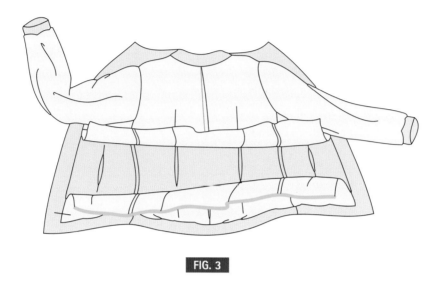

FIG. 3

Para medir el largo exacto del añadido hay que descoser las pinzas. En general, una vez quitados los hilos de la costura de la tela del forro, quedan las marcas de las puntadas. Si no hubiera marcas, dibujar con jaboncillo el valor de las pinzas.

Planchar ligeramente los bordes cortados del forro y medir.

Cortar una pieza de una tela de estructura y color parecidos a los del forro, del ancho necesario y de un largo igual al largo del borde cortado (fig. 3, en verde oscuro).

Añadir todo alrededor un margen de costura de 1 cm aproximadamente.

Conviene saber

En una prenda confeccionada con pinzas de cintura, estas pinzas sirven de referencia para dibujar la línea de la cintura. Si no hay pinzas, para dibujar correctamente esa línea hay que determinar primero la distancia entre el bajo del centro del delantero y la cintura y luego trasladar esa medida a cada costura de la prenda (costados, centro y delantero) hasta la cintura; por último, unir las marcas con una línea recta.

134

Montar la pieza cortada con el forro de la prenda, de manera que las costuras de unión queden por el revés de la labor.

Planchar las costuras abiertas para evitar que abulten.

Siguiendo las marcas de la costura anterior (o las marcas hechas con jaboncillo), formar las pinzas (fig. 4B, en rosa) y hacer las costuras de los costados.

Volver la labor de manera que el revés de la prenda y el revés del forro queden hacia fuera (ver también pág. 29).

Hacer las costuras de montaje de las vistas con el forro en la parte delantera de la prenda (ver pág. 97, Consejo de modista).

Volver la prenda del derecho y cerrar la abertura con unas puntadas a mano o a máquina.

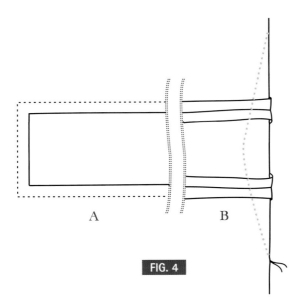

A   B

FIG. 4

Notas

Una prenda se forra por razones prácticas (comodidad) o estéticas (mejor acabado).

El forro es el doble de la prenda y, en general, debe tener la misma forma (con ciertas diferencias) que la prenda.

Esas diferencias se determinan dependiendo del destino del forro. Deben corresponder a cada tipo de prenda: por ejemplo, el forro de una chaqueta requiere un ajuste distinto que el forro de un chaleco o que el forro de piel de un abrigo.

Cualquiera que sea el arreglo que se aplique al forro de una prenda, hay que estudiar y recordar los lugares de ajuste para determinar las diferencias entre la forma del forro y la de la prenda.

Modificaciones

Modificar unas hombreras

Rellenar una parte del hombro con un añadido en forma de semicírculo es una labor que se aplica específicamente a chaquetas y abrigos, sobre todo de hombre.

Las hombreras que se ponen en las prendas femeninas permiten estructurar la silueta, e incluso modificarla, subiendo o afinando unos hombros caídos o demasiado redondos, por ejemplo.

En la industria del prêt-à-porter, el grosor y la forma de las hombreras no se eligen en función de las distintas morfologías personales, sino según el tipo de prendas: ligeras (camisas, vestidos) o pesadas (abrigos).

Las modificaciones aplicadas a esa parte de la prenda se limitan normalmente a suprimir, añadir o sustituir unas hombreras que no corresponden con las medidas corporales.

Medidas de las hombreras

En el comercio se encuentra todo tipo de hombreras: fabricadas con espuma o guata textil en mayor o menor proporción y forradas o no de un tejido fino, o preparadas para incluir en el forro.

La función principal de las hombreras que se aplican en una prenda es mejorar el estilo de la misma o mejorar la silueta.

Lo importante es que esa aplicación no se note demasiado. Para eso, la forma de la hombrera debe estar perfectamente adaptada a la del hombro.

Una de las medidas más importantes es el largo (fig. 2, en azul), que determina la talla de la hombrera.

Esa medida se toma entre la línea del ancho de la espalda y la del delantero, pasando por la curva del hombro.

Obsérvese que la forma de la hombrera no es simétrica: la parte de la espalda es mayor y más redondeada que la del delantero.

El ancho de la hombrera (fig.2, en rosa) no suele sobrepasar las tres cuartas partes del largo del hombro.

Por el contrario, el grosor de la hombrera es una medida que varía según el estilo de la prenda, el grado de rectificación morfológica que se desee o los gustos personales.

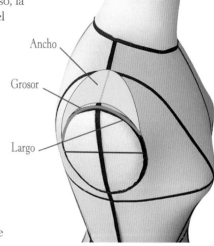

Ancho

Grosor

Largo

FIG. 1

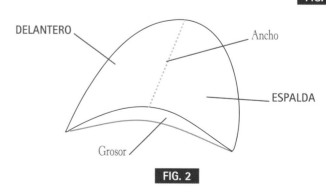

DELANTERO

Ancho

ESPALDA

Grosor

FIG. 2

Fabricar unas hombreras

A veces no es fácil encontrar en el comercio unas hombreras ya hechas que respondan a todos los criterios fijados (tamaño, grosor, material) y con la curva de hombro más adecuada para la silueta.

Con pocos medios y algo de tiempo se pueden fabricar unas hombreras que respondan perfectamente a las necesidades planteadas. Es un trabajo sencillo que se puede realizar sin máquina de coser, puesto que casi todas las operaciones se hacen a mano.

Una hombrera está formada, por lo menos, por tres capas de tejido cortadas con la misma forma, que van disminuyendo proporcionalmente y luego se superponen.

El número de capas depende del grosor del material utilizado, que suele ser una guata textil de estructura no tejida y blanda.

Empezar tomando las medidas del largo y del ancho de hombro (ver pág. 136, fig. 1).

Luego, dibujar en una hoja de papel una línea horizontal en la que se marquen las medidas del largo de espalda y del largo de delantero. La línea del hombro se indica con una línea vertical que corresponde al ancho de la hombrera (fig. 1). Esa medida se debe tomar sobre la prenda respetando la construcción existente, nunca sobre el cuerpo.

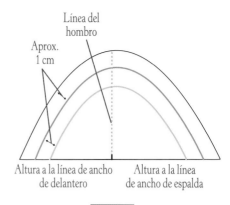

Línea del hombro

Aprox. 1 cm

Altura a la línea de ancho de delantero

Altura a la línea de ancho de espalda

FIG. 1

Unir los dos puntos de los extremos del ancho con el punto de la altura, formando una curva (fig. 1, en negro).

Dibujar otras dos curvas paralelas a la anterior y a una distancia de 1 a 1,5 cm una de otra (fig. 1, en azul y en verde).

La distancia entre las curvas depende de las medidas de la hombrera y de su grosor: por ejemplo, las hombreras para abrigos son más grandes y gruesas y la separación entre una capa y otra puede ser mayor, contrariamente a lo que sucede en las hombreras para vestidos, que son pequeñas y finas.

Calcar los patrones por separado para tener tres formas de construcción de la hombrera (fig. 2).

Cortar cada pieza dos veces en el material para obtener una hombrera derecha y una izquierda.

Hacer una marca en el centro y unas muescas que indiquen el delantero y la espalda: una muesca para la espalda, dos para el delantero (fig. 2). Esta etapa es muy importante porque el resultado final depende de que las partes cortadas se coloquen bien.

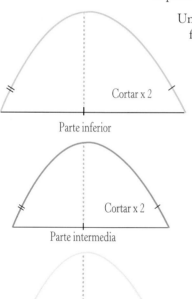

Cortar x 2

Parte inferior

Cortar x 2

Parte intermedia

Cortar x 2

Parte superior

FIG. 2

137

Para dar a la hombrera la forma adecuada, modelarla sobre la curva del hombro de un maniquí o, mejor aún, directamente sobre el hombro de la persona a quien esté destinada la prenda arreglada. En este caso, la persona llevará una camiseta ajustada.

Colocar la primera capa de la hombrera (fig.2, parte inferior) casando con la línea del hombro (fig. 3, en rosa) y prender los extremos en la sisa y en el hombro (fig. 3A).

Poner luego el segundo trozo cortado, el de medidas intermedias (fig. 3B, en azul), superponiendo la línea del hombro (fig. 3B, en rosa) con la del trozo anterior.

Montar las dos piezas dando unas puntadas a mano. Hacer la costura de manera que el borde de la pieza superior quede cosido muy ligeramente con el fondo y solo por la parte redondeada de la espalda y del delantero de la hombrera.

Las partes situadas en el borde de la sisa deben quedar alineadas, pero no se cosen una con otra.

Colocar de la misma forma la tercera y última pieza de la hombrera (la más pequeña). Casar los bordes del lado que corresponde a la sisa y coser el borde redondeado de la hombrera con la pieza de debajo. No apretar demasiado las puntadas.

138

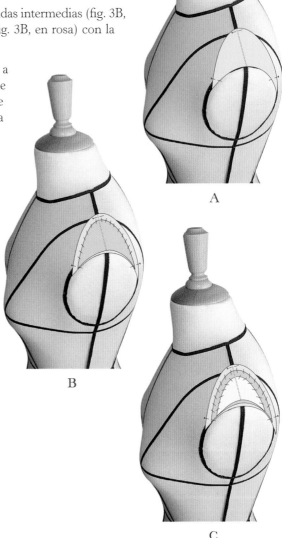

A

B

C

FIG. 3

Forrar unas hombreras

En general, en las prendas forradas, las hombreras no quedan cubiertas por el forro o por otra tela fina, excepto en vestidos, camisas y chaquetas de verano, pues en ellas se les da un acabado bonito con una tela que cubra sus capas y costuras.

En las prendas de confección, ese forro se corta de una sola pieza que se dobla por el centro. La hombrera se mete dentro y los bordes se cosen con máquina que sobrehíle y corte.

Esta técnica, muy rápida, forma unas arrugas en el forro, en la parte cóncava de la hombrera (fig. 4), y a veces puede aplastar el grosor de la hombrera si esta es de espuma textil, o incluso puede deformar su curvatura.

FIG. 4

En las prendas de alta costura o a medida, la forma del forro de la hombrera se cuida más, su confección es más elaborada y el trabajo presenta un mejor acabado.

Construir el patrón del forro

El forro se compone de tres partes: la hombrera en sí, siguiendo la curva del hombro, y los trozos de tela colocados arriba y abajo de la hombrera.

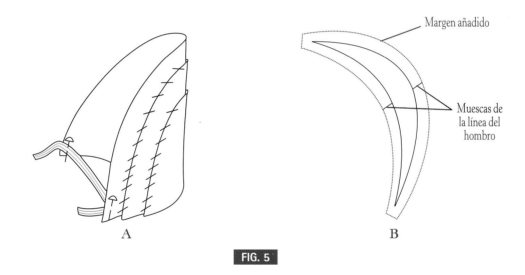

Margen añadido

Muescas de la línea del hombro

A

B

FIG. 5

Para obtener la forma del forro, en la tercera fase de la construcción (ver pág. 138, fig. 3C), prender una cinta o una cintilla al hilo sobre el ancho de los extremos de la hombrera cosida (fig. 5 A); de este modo, se mantiene la forma de la curva del hombro.

Colocar la hombrera sobre un papel y dibujar el contorno de esa forma (fig. 5B).

Es muy importante marcar las muescas de la línea del hombro.

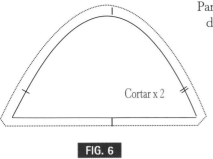

Para la parte de debajo y de encima del forro, retomar el patrón de la parte inferior de la hombrera que ya se dibujó (ver pág. 137, fig. 2).

No olvidar marcar las muescas de la línea del hombro y las referencias de la espalda y del delantero.

Después, añadir todo alrededor un pequeño margen de costura (por ejemplo, 0,5 cm) para no dar más volumen a esa zona estrecha y para que el margen no estorbe al hacer las costuras que van muy juntas.

Cortar x 2

FIG. 6

Montar el forro

Montar los dos trozos: el del grosor (fig. 7, en verde oscuro) con el de debajo de la hombrera (fig. 7, en beis), respetando las muescas del centro y el ancho del margen de costura previsto.

En el segundo lado de la parte cóncava, coser de igual modo la pieza de debajo de la hombrera. Planchar las costuras: en esta parte que queda sobre el grosor de la hombrera, las costuras se planchan hacia fuera (fig. 7, en verde claro).

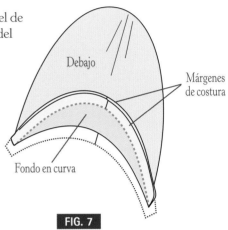

Debajo

Márgenes de costura

Fondo en curva

FIG. 7

140

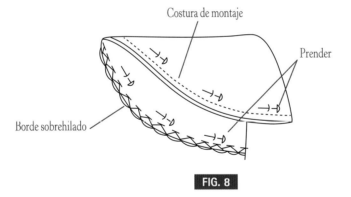

Costura de montaje

Prender

Borde sobrehilado

FIG. 8

Poner la hombrera en medio, entre la parte de encima y la de debajo del forro, ajustando bien la forma redondeada de arriba, y prender los bordes (fig. 8). Para que todos los trozos de la hombrera queden lisos, casar las muescas del centro de la línea del hombro.

Hacer una costura recta con el margen previsto. Sobrehilar los cantos para que no se deshilen.

Este acabado de los cantos también se puede hacer a mano.

Fijar las hombreras

Para colocar correctamente la hombrera en la costura del hombro de la prenda, hay que volver esta hacia el revés para llegar con comodidad a la costura del hombro y de la sisa.

En principio, el margen de costura de la sisa debe estar planchado hacia la manga; el extremo de la hombrera se sitúa en esa costura de diferentes maneras dependiendo del modelo de la chaqueta.

Si lo que se quiere es ensanchar los hombros, hay que sobrepasar ligeramente el margen de esa costura; situar la hombrera en el límite de la costura de la sisa (fig. 9).

Fijar la hombrera con unas puntadas a mano, casando la línea del centro con la costura del hombro en dos puntos (fig. 9, en rojo). Las puntadas no se apretarán demasiado y tampoco atravesarán todo el grosor de la hombrera. Atravesar solamente una capa con la aguja.

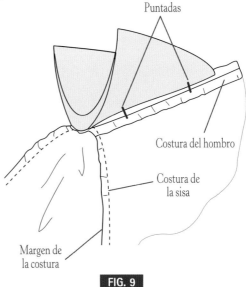

Puntadas

Costura del hombro

Costura de la sisa

Margen de la costura

FIG. 9

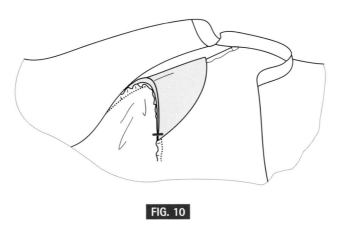

FIG. 10

Volver la prenda hacia el derecho de manera que la hombrera quede en la línea del hombro, en su posición normal (fig. 10), y coserla con la sisa en la parte de la espalda y en la del delantero (fig. 10, en rojo).

Si la hombrera no sobrepasa la costura por arriba (en el hombro), hay que mantener la misma distancia abajo. Sobre todo no hay que tirar de ella hacia abajo, sino dejar que vaya por sí sola a su sitio.

Dar unas puntadas a mano. No apretar demasiado esas puntadas para que la hombrera mantenga cierta holgura.

Modificar la línea del hombro

Las prendas de prêt-à-porter confeccionadas a partir de medidas estándar no siempre corresponden a la forma de la silueta sobre la que vaya a ir la prenda.

A veces hay que modificar ciertas partes, como la inclinación de la línea del hombro. Una de las soluciones para rectificar y adaptar esa inclinación de los hombros consiste en quitar o añadir unas hombreras.

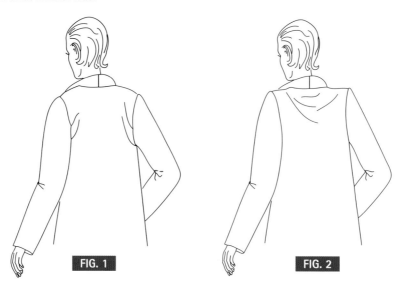

Si se forman arrugas en las costuras de montaje de las mangas (fig. 1), significa que hay que subir los hombros, es decir, añadir unas hombreras.

Si se forman arrugas en el centro de la espalda (fig. 2), significa que hay que bajar los extremos de los hombros, es decir, quitar las hombreras.

Determinar el ángulo de la línea del hombro

El ángulo de la línea de los hombros se aumenta o se reduce al construir el patrón, siempre después de comprobar visualmente la caída del tejido en la parte alta de la espalda, alrededor de las sisas (¡una vez, más la prueba es fundamental!).

Las distintas inclinaciones de la línea de los hombros, determinadas por el modelo y por cómo se apliquen los grosores de las hombreras, no deben provocar deformaciones en la línea de la sisa.

En una prenda bien construida, esa línea formada por la costura de montaje de la sisa y la manga debe tener una caída vertical, sin arrugas ni bultos (fig. 3).

Al modificar una prenda añadiendo o quitando hombreras, la caída debe ser la misma.

Añadir unas hombreras

Cortar las hombreras en tres trozos iguales de espuma textil (ver pág. 137).

El grosor de las hombreras (es decir, la cantidad de capas) que haya que añadir a una prenda confeccionada está determinado por la inclinación de la línea del hombro. Más adelante se desmentirán las formas de las capas.

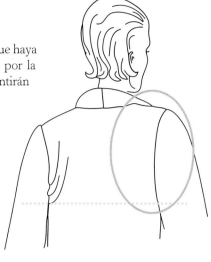

Rellenar poco a poco la curva del hombro, primero con una capa, estudiando la línea de la sisa. Las arrugas o los bultos que forme la tela en esa línea deben desaparecer (fig. 4).

Si fuera necesario, añadir una segunda capa y después, una tercera.

Durante esta operación, cuidar que la curva de la línea de la sisa no se suba (fig. 4, en verde); los dos lados, izquierdo y derecho, no deben cambiar su posición original.

FIG. 4

Una vez determinado el grosor de la hombrera (es decir, la cantidad de capas: dos o tres), coser las capas respetando la curva del hombro (ver pág. 138).

Coser luego las hombreras con los márgenes de costura del hombro (ver pág. 138).

Suprimir unas hombreras

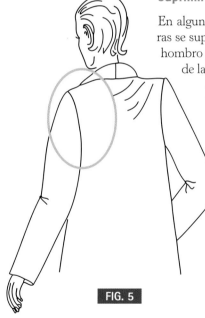

En algunos modelos de prendas ya confeccionadas, si las hombreras se suprimen del todo, no se rectifica la inclinación de la línea del hombro porque el defecto puede aparecer en otra parte: en la línea de la sisa o en la corona de la manga, por ejemplo.

En primer lugar, quitar las hombreras y observar la caída del tejido en la parte alta de la prenda.

Si fuera necesario, rellenar la curva del hombro con un tercio o la mitad del grosor de la hombrera original. La superficie del tejido en la parte trabajada (entre la línea del hombro y la parte baja de la sisa) debe caer lisa.

Si hay que adaptar un poco de relleno, fijarlo (ver pág. 141) respetando las medidas de origen.

FIG. 5

Mangas

Aplicar modificaciones en las mangas, cualquiera que sea su modelo, es un trabajo que en ciertos casos requiere conocimientos de construcción y estructura de las prendas. Las dificultades surgen, sobre todo, al modificar el emplazamiento de las pinzas de codo o al arreglar la parte alta de la manga (lo que se llama corona o cabeza de la manga).

Transformar la corona de la manga supone, en la mayoría de los casos, modificar también la sisa.

Por tanto, en caso de tener que hacer uno de estos arreglos, se aconseja confiarlo a una modista experimentada o bien documentarse sobre la construcción de los patrones de mangas y de cuerpos. En este libro no se estudian las bases de esa construcción.

Modificar el largo de las mangas

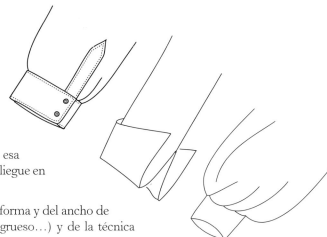

Para acortar con acierto una manga es imprescindible tomar correctamente las medidas de su largo, utilizando la técnica que mejor se adapte al modelo.

Hay dos formas de determinar debidamente esa medida: doblando el antebrazo, o formando un pliegue en el borde del bajo de la manga.

La elección de uno u otro método depende de la forma y del ancho de la manga, de la calidad del tejido (fino, fluido, grueso…) y de la técnica de acabado aplicada en el borde (puño, vuelta, jaretón…).

144

Consejo de modista

Cuando se tiene que acortar una manga, es habitual determinar su largo con una cinta métrica colocada en el borde de la sisa y a lo largo del brazo extendido. Pero este método es poco aconsejable, porque la manga ya está cosida a la sisa y su emplazamiento varía según el modelo (la costura de montaje situada sobre la curva del hombro puede quedar más o menos arriba o abajo) y el largo del brazo doblado es distinto del largo del brazo extendido. La medida así tomada es poco fiable.

En efecto, la manga puede incluir elementos decorativos o funcionales en el bajo (puño, vuelta, abertura) y arriba, en la corona de la manga (pliegues, frunces, distintos cortes), según el modelo.

En caso de que se desee acortar, algunos de esos elementos no se pueden descoser porque sería muy difícil, incluso imposible, hacerlo sin dejar marcas: ojales o automáticos, por ejemplo.

Para mantener la forma y el modelo originales, hay que eliminar el sobrante del largo bien en el bajo o bien arriba (ver págs. 146-147).

Fijar el largo con una lorza en el antebrazo

En las mangas estrechas o terminadas con un puño, con una vuelta o con elementos decorativos como volantes, la medida del largo que se deba acortar se determina formando una lorza en el antebrazo.

Para hacerlo, probar la prenda, doblar el brazo y establecer el largo deseado en la manga mediante la formación de una lorza en el antebrazo; prenderla con alfileres.

La medida del valor de la lorza desplegada es la cantidad que hay que restar al largo de la manga.

Fijar el largo con un pliegue en el bajo de la manga

Para determinar el largo exacto de unas mangas anchas o acampanadas en el bajo, sobre todo cuando se trata de telas finas y fluidas, es más fácil formar un doblez hacia dentro en el borde del bajo de la manga y prenderlo, porque las lorzas en el antebrazo (ver más arriba) son difíciles de sujetar.

Al contrario que en la técnica anterior, en el caso de las mangas anchas el brazo debe estar extendido en vertical.

Medir el valor de la lorza, abajo del largo de la manga, para obtener la altura exacta que se debe restar.

En general, el acabado de las mangas anchas consiste en un jaretón en el bajo, al que siempre se debe sobrehilar el borde, o en un dobladillo.

145

Acortar una manga en el bajo

Todos los modelos de manga con el bajo terminado en elementos que puedan rehacerse con facilidad y sin dejar marcas visibles en la tela, se pueden acortar restando en el bajo la cantidad de largo sobrante.

El acabado original de la manga se restablece una vez determinado el nuevo largo, por ejemplo con un dobladillo.

Deshacer la parte baja de la manga empezando por quitar el remate del bajo: jaretón, puño, o el elemento decorativo que lleve.

Deshacer la costura de montaje a lo alto de la manga para tener acceso al ancho total del bajo.

Asegurarse de dejar parte de la costura de montaje de la manga, por debajo de la sisa, en una medida suficiente (de 5 a 10 cm más o menos) para poder luego unir fácilmente los bordes descosidos a lo largo de la manga (fig. 1).

Limpiar y planchar los bordes descosidos (ver pág. 10).

Extender la parte descosida sobre una superficie plana y, tomando como inicio el borde del bajo, medir y marcar la medida del acortamiento tomada antes según la forma del bajo de la manga (fig. 1, puntos en rosa).

Añadir a esa medida el margen de costura (fig. 1, en negro). Cortar por esta última línea.

Establecer el acabado del bajo con la misma técnica utilizada para los elementos originales de la prenda.

A modo de recordatorio, ver las técnicas de aplicación de un jaretón (página 22) y de una vuelta (página 111).

146

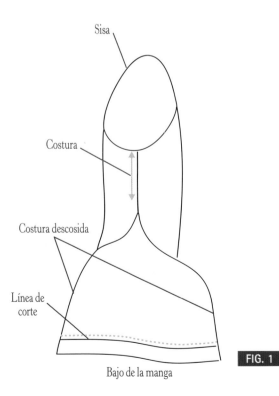

Sisa

Costura

Costura descosida

Línea de corte

Bajo de la manga

FIG. 1

Acortar una manga por arriba

La técnica consiste en desplazar hacia abajo (en la medida necesaria) la forma de la corona de la manga.

Este método de acortar una manga únicamente se puede poner en práctica en modelos con el contorno de brazo mantenido durante cierta altura y cuando la construcción de la manga no incluya pinzas de codo, como por ejemplo en una manga de camisa (fig. 2).

La aplicación de esta técnica no es más difícil que acortar una manga en el bajo y no requiere conocimientos previos de diseño, pero sí exige precisión en el montaje. Si no se respetan las referencias de origen situadas en la sisa y en la corona, la manga se puede deformar.

Antes de quitar la manga deshaciendo las costuras de montaje con la sisa, hay que hallar las muescas de montaje en los bordes de la corona de la manga y de la sisa.

Si no se notan mucho, marcarlas en cada borde, enfrentándolas bien, con unas puntadas a mano con hilo de color contrastado. Se aconseja añadir las referencias para luego facilitar el montaje.

Deshacer después la costura de montaje de la corona de la manga con la sisa. Quitar la costura establecida a lo largo de la manga, dejando abajo sin descoser entre 5 y 10 cm (fig. 3).

Esta medida es indispensable para luego poder montar la manga sin dificultad. Limpiar los bordes y planchar.

FIG. 2

147

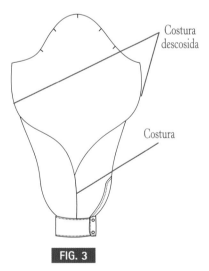

Costura
descosida

Costura

FIG. 3

Extender la parte descosida sobre una superficie plana, de manera que los dos extremos del ancho de la manga (líneas de la corona) queden sobre una línea horizontal (fig. 4, puntos azules).

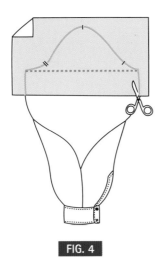

Fijar esa parte con un peso o clavillos de modista para que no se mueva.

Superponer una hoja de papel transparente (o de calco) sobre la parte descosida (fig. 4, marco verde) y dibujar por transparencia el contorno de la corona de la manga (fig. 4, en rosa).

No olvidar calcar las marcas de referencia.

Cortar luego por la línea de contorno dibujada para obtener el patrón de la corona. Este patrón será el que se utilice en la etapa siguiente.

En los bordes del largo de la manga, marcar la altura de la lorza (fig. 5, en azul). Es la medida del acortamiento que se tomó anteriormente según el modelo de la manga (ver pág. 145).

FIG. 4

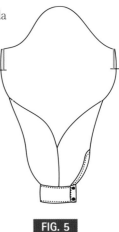

FIG. 5

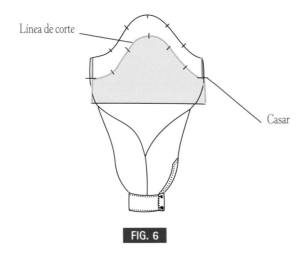

Línea de corte

Casar

FIG. 6

Cortar unas muescas en los bordes a esa altura (fig. 5, en negro).

Respetando las dos muescas hechas en los bordes del largo de la manga, colocar el patrón de la corona calcado antes, de manera que los dos puntos de los extremos del ancho de la manga y el punto de partida de las curvas de la sisa (línea de la corona de la manga) coincidan con las muescas (fig. 6).

Luego, con jaboncillo, dibujar el contorno del patrón (fig. 6, en rosa).

No olvidar poner todas las marcas de referencia del montaje; si no se hace, surgirán dificultades al montar la manga y esta quedará deformada.

No añadir margen de costura porque ya está incluido en el patrón.

Cortar por la línea dibujada siguiendo el contorno del patrón.

Cerrar la manga haciendo la costura de montaje a lo largo de ella, a partir del bajo de la manga y respetando el ancho del margen ya fijado.

Montar la manga con la sisa de igual manera, respetando el ancho de los márgenes originales y casando las muescas de los bordes de la sisa y de la corona de la manga (fig. 7).

FIG. 7

149

Conviene saber

Acortar las mangas por arriba es una técnica que ofrece muy buenos resultados porque el bajo se mantiene en su estado original. Este método se puede utilizar en modelos de mangas con una estructura de construcción y de montaje condicionada a:

1. Que no haya pinzas de codo.

2. Que el ancho de la manga sea igual desde la corona hasta el codo.

Situar las pinzas de codo

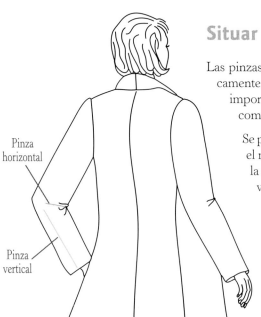

Las pinzas de codo en la manga suelen ser pequeñas y prácticamente invisibles. Sin embargo, desempeñan una función importante, incluso indispensable, para mover el brazo con comodidad.

Se pueden distinguir dos clases de pinzas aplicadas según el modelo de manga: la pinza construida en horizontal a la altura del codo (fig.1, en rosa) y la pinza construida en vertical (fig. 1, en verde).

En caso de que haya que rectificar el largo de manga o hacer otra modificación, lo primero es localizar las pinzas, porque su ubicación en algunos modelos impide cambiar el trazado original.

Pinza horizontal

Pinza vertical

FIG. 1

Pinza horizontal

Esta pinza suele aplicarse en las mangas rectas de camisas femeninas.

Cuando la pinza se aplica en una tela fina (por ejemplo, algodón) y su ancho no supera de 1 a 2 cm, no es necesario quitar el valor tan pequeño de esa pinza (fig. 2A). Lo que se hace es desplazarla en caso de que haya que acortar la manga por arriba (ver pág. 147).

Si está aplicada en un tejido grueso, hay que repartir el grosor de la pinza, es decir, cortarla por su eje y aplastar los márgenes de costura abiertos (fig. 2B). En este caso no se puede mover.

Pinza vertical

El valor de esta pinza está casi siempre cortado, porque el corte sirve para formar una tapilla de abertura, un sistema de abrochado o, por ejemplo, para colocar una cremallera.

La ubicación de la pinza no se indica con una costura y, aunque la pinza no se vea, permite mover el brazo con comodidad.

En caso de arreglo o modificación de la manga, no se puede desplazar esta pinza porque está cortada. Hay que mantener su ubicación original.

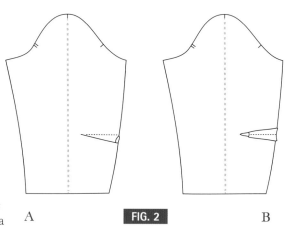

A **FIG. 2** B

FIG. 3

Estrechar las mangas

Estrechar una manga, cualquiera que sea el modelo de la prenda, no debe plantear problemas importantes siempre que se estreche a todo lo largo, hasta la línea de la corona, sin tocar su forma.

En efecto, modificar la forma de un corte original de la corona de la manga implica alterar también la sisa del cuerpo de la prenda y eso no es fácil de hacer, incluso a veces resulta imposible.

Reducir el ancho de la manga exige quitar o desplazar pinzas o formar otras nuevas. Antes de efectuar ese trabajo hay que estudiar la construcción original de la manga y documentarse sobre el patrón de nuevos modelos. Esta transformación requiere conocimientos sobre corte y confección.

Determinar el ancho deseado

Lo primero que se debe hacer es marcar varios puntos de referencia en los márgenes de la costura de montaje de la sisa con el borde de la corona de la manga, cortando unas muescas o dando unas puntadas a mano.

Hay que hacer unas marcas bien visibles porque servirán para que sea más fácil restablecer la costura de origen (ver pág. 147).

Descoser luego la manga del cuerpo, abrirla a lo largo, limpiar y planchar.

Extender la manga descosida. Se aconseja copiar su forma en una hoja de papel para poder dibujar fácilmente el nuevo patrón de la manga que se desea.

Esta técnica de estrechamiento se puede aplicar a distintas formas de mangas anchas: acampanada (fig. 2, en verde), recta (fig. 2, en negro) o acodada (fig. 2, en azul).

Marcar luego el centro (fig. 2, línea de puntos rosa) y la línea del codo. Si esta línea no está indicada por una pinza, situarla a una altura de unos 35 cm.

FIG. 1

151

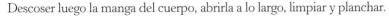

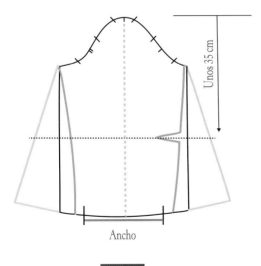

Unos 35 cm

Ancho

FIG. 2

Determinar el ancho del bajo de la manga. La línea del bajo no siempre es recta. Según el modelo, puede ser redondeada o presentar cierta inclinación.

Indicar el ancho con unas muescas o unas rayas en el borde, siempre simétricas con relación al centro.

Luego, a partir de esos puntos, dibujar unas rectas hasta el ancho de la línea de la corona, es decir, hasta la línea de la sisa (fig. 3, en verde).

Si el modelo de origen ya tenía pinza (fig. 3), no es necesario cambiar su ubicación o su largo para estrechar la manga. Hay que devolver a esa pinza su valor de origen. Volver a dibujar las líneas de los lados a lo largo de la manga (fig. 3, en verde).

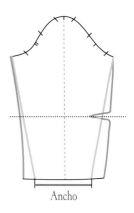

Ancho

FIG. 3

Aplicar la pinza

En caso de un arreglo, el largo de la manga ya está determinado y no siempre es posible aplicar una pinza porque el largo se acortaría en un valor equivalente al que tuviese la pinza.

Por tanto, es necesario tener en cuenta esa posibilidad y aplicar en el patrón el ancho del bajo de la manga sin tener en cuenta el valor de la pinza (fig. 4).

Al construir una manga más ajustada, es necesario poner una pinza de codo para mover el brazo con comodidad.

Para hacer la pinza, establecer su valor en la línea del codo y restar ese mismo valor en la parte de delante de la manga (fig. 5). Es indispensable hacerlo así para mantener un mismo largo en los bordes de la manga cuando se cierre la pinza.

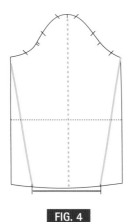

FIG. 4

Volver a dibujar las líneas sin olvidar curvarlas ligeramente hacia dentro o hacia fuera (fig. 5, en verde).

A modo de recordatorio: en la espalda, la línea de la manga forma una curva de 0,5 cm a la altura del codo, lo mismo que en el delantero.

Montar la manga

Tanto si la manga lleva pinza como si no la lleva, empezar a montar la manga cerrándola a lo largo con una costura recta y respetando el ancho previsto para los márgenes.

Después, montar la manga en la sisa con la misma técnica y el mismo ancho de los márgenes originales.

Es muy importante casar las muescas de montaje situadas en el borde de la sisa y de la corona de la manga para no deformar la manga (ver pág. 149, fig. 7).

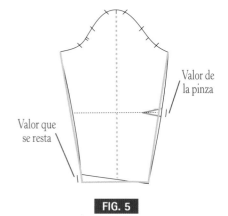

Valor de la pinza

Valor que se resta

FIG. 5

Modificar la corona de la manga

No es difícil modificar únicamente la parte superior de la manga, pero sí exige unos conocimientos básicos sobre la construcción de los patrones.

Para emprender la transformación de la parte superior de la manga hay que utilizar como base la altura de la corona, es decir, la profundidad de la sisa.

Para hacerlo, extender el cuerpo de la prenda y medir la distancia entre la línea de la sisa y la línea del hombro (fig. 2, en violeta).

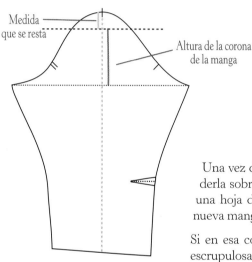

FIG. 1

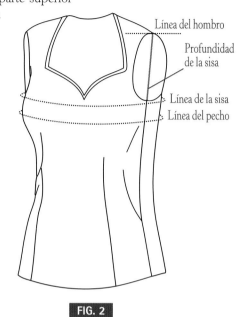

Línea del hombro
Profundidad de la sisa
Línea de la sisa
Línea del pecho

FIG. 2

Medida que se resta

Altura de la corona de la manga

FIG. 3

153

Una vez descosida, limpia y planchada la manga, extenderla sobre una superficie plana y copiar su contorno en una hoja de papel para poder dibujar más fácilmente la nueva manga.

Si en esa construcción existe una pinza de codo, marcar escrupulosamente sus valores porque habrá que restablecerla en su ubicación original.

No olvidar indicar el centro de la manga en la dirección del hilo (fig. 3, línea de puntos rosa) y la línea de la sisa (fig. 3, línea de puntos negra).

Situar la altura de la corona en el centro de la manga y a partir de la línea de la sisa. Esta medida es igual a la profundidad de la sisa menos su quinta parte.

Por ejemplo: profundidad = 18 cm; 18 : 5 = 3,6 cm; por tanto, 18 − 3,6 = 14,4 cm.

Conviene saber

Una corona de manga voluminosa (con pliegues o frunces) se suele obtener con un método de cortes muy sencillo.

Si en un arreglo se invierten las operaciones de corte, se obtiene una corona de manga sin volumen.

Trasladar esa medida de la altura de la corona (fig. 3, en violeta) y marcar la distancia restante a partir del extremo de esa línea hasta el borde de la tela (fig. 3, en verde).

A partir del punto en que se cruzan la línea de la sisa y la línea del centro, dibujar varias líneas con distinta inclinación hasta el borde de la corona de la manga (fig. 4, líneas de puntos grises).

Trazarlos bastante juntas para después poder dibujar correctamente el patrón.

En el extremo de cada línea, marcar la medida restada anteriormente (figs. 3 y 4, en verde).

Para dibujar la nueva forma de la corona de la manga, unir los extremos de las líneas dibujadas. Esa curva se dibuja con ayuda de una regla de curvas (fig. 5, en rojo).

Dibujar luego las líneas del largo de la manga (fig. 5, en azul).

La construcción de estas líneas no debe sobrepasar el ancho original de la manga (ver también pág. 152, fig. 5).

Para terminar de modificar la manga, comprobar que las medidas de la corona corresponden a las de la sisa.

Para hacerlo, medir con la cinta métrica el largo de la corona y comparar esa medida con la del contorno de la sisa.

La holgura de embebido de la corona, necesaria para que la manga tenga buena caída una vez montada, debe ser de unos 2 cm.

Añadir el margen de costura a las líneas dibujadas y superponer el patrón sobre la manga original, casando las dos líneas de referencia: la línea de centro y la línea de la sisa. Cortar (fig. 6).

154

FIG. 4

FIG. 5

FIG. 6

Subir la sisa

Un ancho excesivo de espalda, de busto o de hombros, produce una sensación de sisas caídas que no siempre se debe a la construcción o al montaje de la prenda. A veces, las prendas confeccionadas sobre medidas estándar no corresponden a las medidas y a las formas de la persona.

Antes de decidirse a transformar esa parte de la manga, se debe tener la seguridad de que va a corregir el defecto y a mejorar la estética de la prenda.

Hay que saber que todas las modificaciones que se efectúen en la sisa requieren ciertos conocimientos sobre patronaje, porque a veces es necesario modificar la inclinación del hombro y la forma de la corona de la manga.

Calcular el alcance de la modificación

Arreglar una sisa es una labor compleja y con posibilidades limitadas, puesto que depende de la construcción original ya establecida.

A veces basta con aplicar las modificaciones en la parte alta, a partir de la línea de ancho del cuerpo, pero en otras, la construcción del modelo obliga a mover toda la sisa.

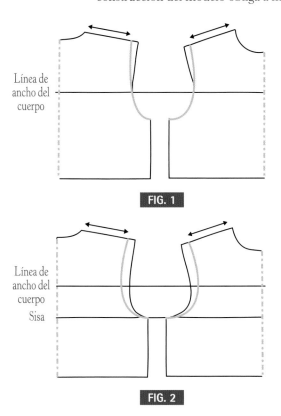

Línea de ancho del cuerpo

FIG. 1

Línea de ancho del cuerpo
Sisa

FIG. 2

En el primer caso, aplicar la modificación por encima de la línea de ancho del cuerpo, sin modificar ni inclinar la línea del hombro o la corona de la manga (fig. 1).

En el segundo caso hay que desplazar la sisa sin estrechar la prenda y luego rectificar el largo de la corona de la manga (fig. 2).

Antes de descoser la manga, marcar ciertas referencias con muescas o puntadas a mano en la parte baja de la sisa (a partir de la línea de ancho de cuerpo) para poder volver a coser la manga en posición correcta.

Luego limpiar y planchar los bordes de la sisa y de la corona de la manga.

Subir la parte de arriba de la sisa

Probar la prenda y determinar el largo de hombro deseado haciendo una marca en la costura con jaboncillo o con un alfiler (fig. 3, en azul).

A partir de esa marca, establecer la nueva línea de la sisa pasando un hilván aproximadamente hasta la línea de ancho del cuerpo (fig. 3, línea de puntos rosa).

Unir provisionalmente (con un hilván) la manga y la sisa, respetando las marcas de referencia. Probar de nuevo la prenda para comprobar que el largo de hombro, la holgura de embebido de la manga y la caída de la manga están bien.

En general, si se ha acortado la línea del hombro de 1 a 3 cm, el largo de la sisa solo aumentará en 0,5 cm más o menos y por tanto, no deberían cambiar ni la holgura de embebido ni la caída de la manga.

Es muy importante comparar entonces el largo de la corona de la manga y el largo de la sisa.

Si la diferencia es sustancial, para resolver el problema ver Desplazar la sisa, página 157.

Si las medidas son correctas (de 1 a 3 cm en el largo del hombro), marcar puntos de referencia en la parte de arriba de la sisa (a partir de la línea del ancho del cuerpo) haciendo unas muescas o unas puntadas a mano.

Después, quitar el hilván y separar la manga; cortar el sobrante del ancho de hombros añadiendo un margen de costura a la parte cortada.

Volver a coser la manga casando las muescas de la sisa con las de la corona de la manga.

156

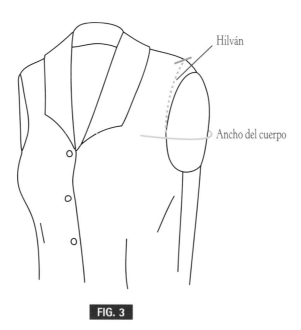

Hilván

Ancho del cuerpo

FIG. 3

Desplazar la sisa

Las modificaciones que afecten a toda la forma de la sisa representan un trabajo mucho más complejo que el del caso anterior. Afectan tanto al largo total de la sisa y al ancho del cuerpo, como al largo y ancho de la corona de la manga.

En general, las modificaciones se aplican cuando el ancho de la prenda resulta excesivo a la altura del ancho del cuerpo y estorba al movimiento de los brazos.

Fijar el ancho de hombros que se desea (fig. 4, rayita azul) y, a partir de esa marca, determinar la forma de la sisa pasando un hilván (fig. 4, en rosa).

Montar provisionalmente la manga en la sisa siguiendo el hilván.

Probar la prenda para comprobar el largo del hombro, la holgura de embebido de la corona, la caída de la manga y, sobre todo, el ancho del cuerpo. La prenda no debe quedar apretada en ese lugar para que no impida el movimiento de los brazos.

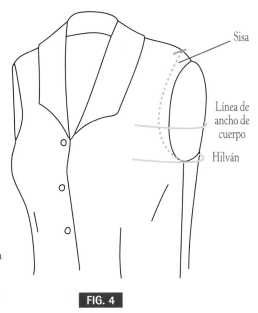

Sisa

Línea de ancho de cuerpo

Hilván

FIG. 4

Desplazar la sisa tiene consecuencias importantes en su largo. En algunas modificaciones, la diferencia entre el largo de la sisa y el largo de la corona de la manga sobrepasa una medida tolerada de 0,5 a 1 cm. Si sucede así, hay que aumentar el largo de la corona.

Una solución consiste en bajar la línea de la corona de la manga (fig. 5) en una medida que permita mantener el equilibrio de origen entre los dos largos, para no deformar la estructura de la construcción original.

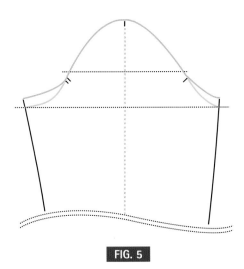

FIG. 5

Modificar una manga sastre

La construcción de la manga sastre se basa en la forma del largo del brazo (arqueada), siguiendo la curva del codo. Técnicamente, es más elaborada que la de la manga recta.

Su estructura es muy específica porque se compone de dos partes y no ofrece muchas posibilidades de modificación.

Para arreglar una manga sastre se necesita conocer bien la construcción de las prendas. Por tanto, antes de emprender un arreglo o una modificación de la estructura de este tipo de manga, se aconseja profundizar en los conocimientos de esta estructura.

Aquí se presentan las modificaciones que afectan al ancho y al largo, es decir, las que se suelen efectuar más a menudo en la manga sastre.

FIG. 1

Modificar la corona de la manga

La manga sastre suele ir asociada a un corte "princesa" en el cuerpo de la prenda. La unión de las dos costuras en la sisa ofrece un acabado muy bonito y demuestra un trabajo muy cuidado (fig. 1, en rosa).

Esta construcción de la prenda no siempre permite aplicar la solución elegida para arreglar la sisa o la corona de la manga, porque hay que respetar los cortes para no alterar la estructura de la prenda.

Esta construcción es la contraria a la que ofrecen los modelos con un corte en el que se integra una pinza que no llega a la línea de la sisa (fig. 3).

Antes de empezar a hacer la modificación hay que asegurarse de que la solución elegida corresponde al corte que lleve la prenda.

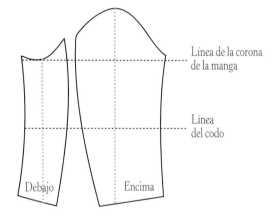

Línea de la corona de la manga

Línea del codo

Debajo   Encima

FIG. 2

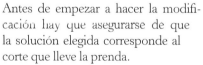

FIG. 3

Modificar la pieza de debajo de la manga

Rara vez se modifica la corona de una manga sastre, porque el cambio de la holgura de embebido requiere modificar también el largo de la sisa. Rectificar la corona y después casarla con la sisa no es tarea fácil, incluso en algún caso resulta imposible.

Por el contrario, sí es frecuente rectificar la sisa en este tipo de manga y, solo después, ajustar la corona.

Lo más habitual es que esas rectificaciones corrijan el ancho de la prenda a la altura de la sisa, retocando la forma y la altura de esta (fig. 1).

Para modificar el ancho de la prenda a la altura de la sisa, primero hay que determinar la medida del contorno de pecho y después corregir la línea del costado de la espalda y del delantero en función de esa medida (fig. 2, en verde). Así, el largo de la curva de la sisa queda acortado en cierta medida.

Por tanto, hay que reducir en esa misma medida el largo de la corona de la manga, es decir, el ancho de la pieza de debajo de la manga (fig. 3).

De esta forma, al montar las piezas, las costuras de la manga (una vez cosidas las dos piezas) casan sin dificultad con las muescas de la sisa.

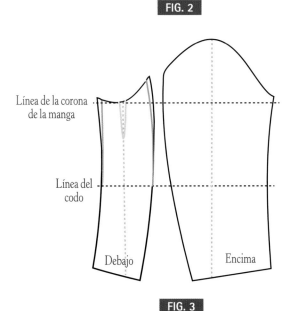

FIG. 1

Para ello se puede proceder de dos formas; la elección depende de la medida que se aplique:

1. Para una medida pequeña (de 1 a 2 cm, por ejemplo), establecer una pinza en la línea de centro de la pieza de debajo (fig. 3, pinza verde sobre los puntos en rosa); el largo de esa pinza depende del valor de la tela absorbida. Es importante que esa pieza esté bien extendida.

2. Si el valor de la tela a absorber es importante, dividir esa medida por dos y aplicar una parte a cada lado de la pieza de debajo (fig. 3, en azul). Dibujar luego las líneas disminuyendo poco a poco la medida del principio hasta la línea del codo.

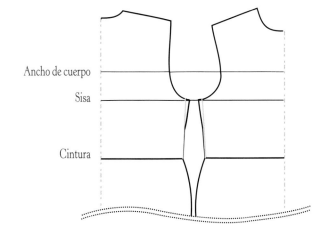

Ancho de cuerpo

Sisa

Cintura

FIG. 2

Línea de la corona de la manga

Línea del codo

Debajo   Encima

FIG. 3

Modificar el largo

FIG. 1

Alargar o acortar una manga sastre puede resultar muy complejo, incluso a veces imposible, sin modificar el estilo original de la manga.

En efecto, uno de los acabados que se suele aplicar a este tipo de manga es una abertura cruzada y abotonada (fig. 1) y no es fácil modificar esa construcción tan especial (fig. 2).

Debajo de las dos partes de la manga se suele añadir una tapilla de botonadura, con una altura que varía de unos 7 a 10 cm.

Al acortar la manga también se reduce la altura de la tapilla (fig. 2, en verde). Es posible dejar solo uno o dos botones, si eso no afecta demasiado a la estética de la chaqueta.

Si la manga requiere un acortamiento importante (fig. 3, en verde), la altura de la tapilla de botonadura también disminuye en la misma proporción y no existe la posibilidad de prolongarla.

En esos casos se elimina la tapilla de botonadura (fig. 3, en azul), pero con ello se modifica la construcción y sobre todo el acabado definitivo de la manga.

Por último, para imitar el modelo de origen, se pueden poner unos botones en la costura de montaje de la manga.

En general, estos modelos de mangas se aplican en prendas forradas. Cualquier modificación que afecte al tejido de la manga también afectará al forro, que se debe tratar de la misma forma que el tejido para no deformar este.

Para realizar bien el trabajo de acortar una manga con abertura en el corte, proceder igual que en el caso de cualquier abertura forrada; ver Aberturas forradas, página 94.

160

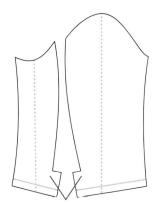

Tapilla de botonadura

Se acorta la tapilla de botonadura

FIG. 2

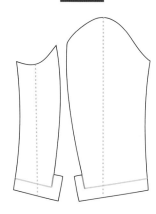

Se suprime la tapilla de botonadura

FIG. 3

Conviene saber

En general, el cambio del largo de la manga se puede establecer en el bajo o en la parte de arriba (ver págs. 144-145), pero acortar una manga de dos piezas (manga sastre) solo se puede hacer en el bajo porque esta es la única solución que no altera su forma arqueada. Por la construcción de este tipo de manga, es imposible subirla para obtener el largo deseado y sobre todo para no tener que rehacer el bajo: al desplazarla hacia arriba, la pinza de codo que está integrada en el corte entorpecería los movimientos del brazo y el resultado sería poco estético.

Modificar el ancho

Un arreglo que no es muy frecuente en la manga sastre es estrechar el ancho en toda su longitud. Casi siempre se estrecha el ancho de la parte baja, sin tocar la forma de la corona de la manga. En este trabajo, lo más importante es mantener una proporción entre las dos partes: la corona y el bajo de la manga.

Determinar el ancho que se desea en el bajo y dividir esa cantidad por cuatro para aplicarla de manera equilibrada debajo de cada extremo de las dos piezas de manga: la de debajo y la de encima.

Una vez obtenida la medida, situarla en las líneas del bajo de las dos piezas.

Después, a partir de cada uno de esos puntos, dibujar una línea hasta arriba (fig. 2, en verde).

Esas líneas deben curvarse progresivamente a todo lo largo, del mismo modo que en la manga original.

Si la construcción incluye una tapilla de botonadura, esta se desplaza respetando las nuevas medidas (fig. 2, en azul).

FIG. 1

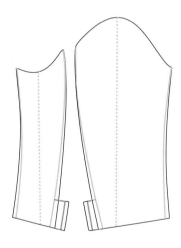

FIG. 2

Arreglos difíciles o imposibles

Aquí se ofrecen soluciones para resolver algunos problemas de la construcción original de la prenda de vestir que pueden ser causa de defectos muy visibles o de incomodidad.

En principio, de una u otra forma, se puede modificar el aspecto de todos los modelos o mejorar su comodidad, siempre que ello no exija transformar en profundidad la estructura original, porque eso no siempre es factible.

Se trata, pues, de ayudar a identificar bien el problema y decidir si vale la pena emprender un arreglo, a fin de evitar una reparación mal hecha.

La prenda tira en el ancho de cuerpo

Uno de los defectos que aparece con demasiada frecuencia en prendas como chaquetas, camisas, abrigos, etc., es la falta de comodidad a la altura del ancho del cuerpo.

Esa molestia, muy desagradable, se manifiesta cuando se echan los brazos hacia delante. Entonces, toda la parte de la prenda situada alrededor de la sisa en la espalda y en la corona de la manga se deforma y bloquea los movimientos, al mismo tiempo que se suben la manga y el hombro.

Son dos las causas principales de ese defecto de construcción: el ancho de la espalda y de la corona de la manga. (A veces también es el ancho del delantero, ver pág. 165).

Hay que medir esos dos elementos y aplicar la corrección para ambos en el dibujo del patrón de base, ya que el efecto de tirantez y falta de comodidad será el mismo aunque el defecto se encuentre en uno solo de esos elementos.

Controlar las medidas

En primer lugar, comparar las medidas corporales con las de la prenda. Esa operación permite ver dónde está el problema: en el ancho de la espalda o en el de la manga.

Para tomar las medidas corporales hay que mantener una postura natural, con los brazos colgando a los lados del cuerpo.

A la medida obtenida, añadir una holgura que puede variar según el tipo de prenda, pero que será por lo menos de 8 cm: es decir, 1 cm en cada extremo del ancho de cada pieza.

A continuación, medir el ancho del cuerpo solamente en la prenda y en la persona.

Comparar ambos resultados para ver donde está el defecto, que será la parte que presente en las medidas.

Por ejemplo: ancho de espalda de la prenda = 40 cm; ancho de espalda corporal añadiendo la holgura = 39 cm. Esos anchos son correctos.

Ancho de la corona de la manga de la prenda = 20 cm; la misma medida tomada sobre la persona = 25 cm. Se ve que es en estas medidas donde hay disparidad; por tanto, esa es la parte de la prenda que causa el defecto.

FIG. 1

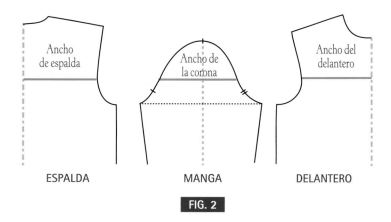

Ancho de espalda

Ancho de la corona

Ancho del delantero

ESPALDA   MANGA   DELANTERO

FIG. 2

Conviene saber

Arreglar una prenda que presente ese tipo de defecto (movimiento de los brazos bloqueado a la altura del ancho del cuerpo) es un trabajo técnicamente muy difícil y, a veces, incluso imposible de realizar. Es un defecto que radica en la construcción del patrón y para corregirlo se necesitan muy buenos conocimientos de corte y confección y de modistería.

Modificar el ancho de la espalda

Hacer un arreglo que aumente el ancho de la espalda es un trabajo complicado porque la espalda, en general, está cortada de una sola pieza.

No hay muchas soluciones para resolver ese problema. Aquí se propone una que consiste en aplicar un añadido a la medida estrecha.

No siempre se dispone de tejido de igual calidad que el de la prenda original, pero se puede crear una composición con otro tejido siempre que se aplique también en el delantero (fig. 1).

Una vez comprobado el ancho de los hombros (fig. 2, en azul), descoser la manga y la mitad del largo de hombro y copiar esa parte en un papel para poder construir más fácilmente el trozo que falta.

Prolongar la línea de ancho de espalda en la cantidad necesaria (fig. 2, en rojo) y volver a dibujar la línea de la sisa (fig. 2, en verde) respetando el nuevo ancho de la espalda y de los hombros (si este último ancho es el correcto; si no, se prolonga también).

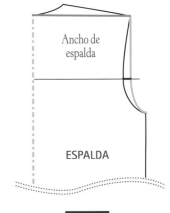

FIG. 2

La operación siguiente requiere imaginación y creatividad para dibujar el patrón de la pieza que hay que añadir (fig. 3, en azul).

Su forma depende del gusto de cada uno, del estilo de la prenda y de la calidad del tejido. Se debe empezar en la línea del hombro y terminar en la curva de la sisa.

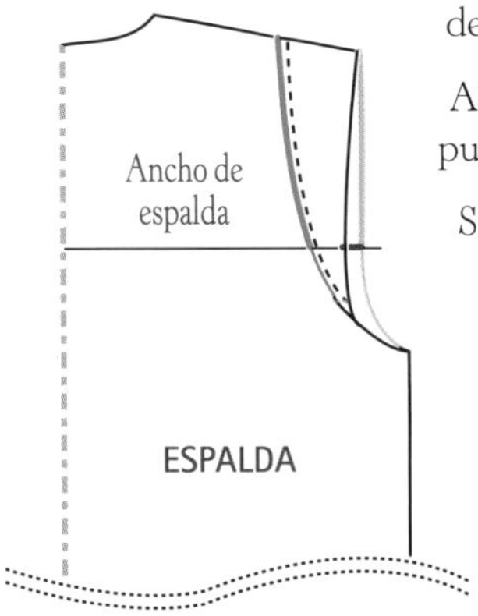

Añadir a la línea dibujada un margen de costura (fig. 3, línea de puntos) y cortar por esa línea.

Siguiendo el contorno de la pieza para la sisa, cortar el elemento a sustituir en el tejido que se haya elegido, añadiendo un margen de costura en el borde (fig. 4, línea de puntos).

No olvidar marcar las muescas de montaje.

Modificar el delantero igual que se ha hecho en la espalda, aplicando un ancho en el hombro idéntico al de esa pieza.

Montar primero los añadidos con la espalda y con el delantero y luego coser los hombros.

Planchar las costuras abiertas. Después, coser la manga en la sisa respetando la colocación original.

FIG. 1

FIG. 3

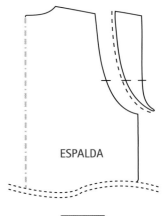

FIG. 4

Modificar el ancho de cuerpo en el delantero

Es muy importante que el ancho de cuerpo en el delantero esté bien ajustado en el patrón, porque esa medida determina una curva más o menos profunda en la sisa.

El defecto provocado por un mal ajuste del ancho del delantero o de la curva de la sisa resulta muy visible y puede hacer que la prenda quede incómoda.

Al menor movimiento del brazo, no siempre hacia atrás, la sisa tira de la parte de arriba del delantero y deforma el escote (fig. 1A).

En general, si el ancho del delantero resulta escaso, la curva de abajo de la sisa es también muy profunda (fig. 2, en azul), lo que no ocurre en la sisa de la espalda en el caso de que el ancho de espalda sea estrecho.

Por eso, no siempre se puede añadir en el delantero una pieza de tela como en la espalda (ver pág. 162). La forma de la pieza añadida debe incluir una parte del costado de la prenda (fig. 2, en verde).

A   B

FIG. 1

No es fácil reparar este defecto, que se debe enteramente a la construcción, y si el arreglo no consiste en añadir una pieza de otro tejido, es imposible realizarlo.

También hay que saber que esta clase de arreglo exige profundos conocimientos de corte y confección.

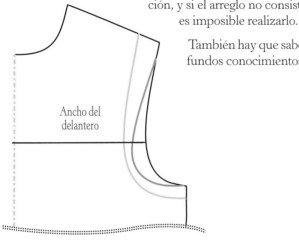

Ancho del delantero

FIG. 2

Conviene saber

Arreglar una prenda con un ancho de delantero insuficiente y/o una forma de sisa demasiado marcada es casi siempre imposible. Es un arreglo que requiere cambiar toda la pieza o añadir una parte de la pieza defectuosa.

Modificar el ancho de la corona de la manga

Este defecto de construcción es muy difícil de corregir porque cualquier modificación de la corona de la manga exige corregir la sisa.

Si se aumenta el ancho de la corona de la manga a la altura del ancho del cuerpo, también se aumenta el largo total de la corona, lo que supone rectificar después el largo de la sisa.

A veces es imposible aplicar esa modificación. En cambio, sí se puede añadir una pieza de tejido cuando la holgura de embebido de la corona es mínima o cuando el modelo de la corona incluye frunces o pliegues.

Descoser la manga, colocarla sobre una hoja y trazar el contorno de la corona para poder determinar mejor la forma que deberá tener el añadido.

La medida de ese añadido se obtiene mediante un cálculo (ver pág. 161) y se debe aplicar de manera equilibrada a los dos lados de la línea de ancho de cuerpo en la manga (fig. 2, en rojo).

Dibujar la nueva corona de la manga respetando el nuevo ancho y el dibujo original de la forma de la corona (fig. 2, en verde).

La etapa siguiente de este arreglo requiere un poco de imaginación para crear la forma de la pieza que se va a añadir y que deberá armonizar con el estilo, el tejido y la estructura de la prenda.

Según el gusto y las posibilidades que ofrezca el modelo, el añadido se puede poner solamente en la corona de la manga (fig. 1A) o prolongarse sobre los hombros con una forma parecida (fig. 1B).

Para hacerlo, dibujar la forma elegida sobre el trazado del contorno de la corona de la manga realizado en el papel y, si fuera necesario, dibujar esa nueva forma también en la espalda y en el delantero (fig. 3, en rosa).

Línea de ancho del cuerpo

MANGA

FIG. 2

Línea de ancho del cuerpo

ESPALDA

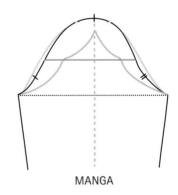

MANGA

FIG. 3

Una vez determinada la forma que más guste de la pieza que se va a añadir, copiar la parte de arriba de la manga en otra hoja de papel.

No olvidar marcar las muescas de montaje antes de separar las dos partes de la corona de la manga.

En la parte inferior, añadir un margen de costura de 1 cm aproximadamente y cortar por esa línea.

Cortar el añadido en el tejido elegido, agregando el mismo margen de costura (fig. 4, línea de puntos).

Si la modificación se aplica también en la espalda y en el delantero, proceder igual que en la manga (fig. 5).

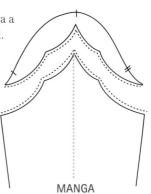

MANGA

FIG. 4

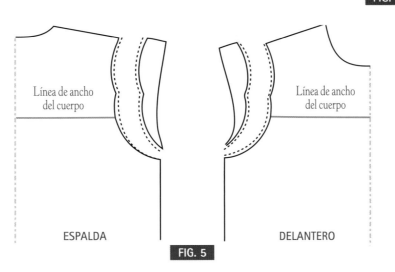

Línea de ancho del cuerpo

Línea de ancho del cuerpo

ESPALDA

DELANTERO

FIG. 5

Empezar a montar cosiendo los añadidos con la manga, la espalda y el delantero.

Planchar las costuras abiertas.

Luego, montar los hombros casando las costuras de montaje de los añadidos en la espalda y en el delantero. Para terminar, coser la manga con la sisa, casando las muescas.

Nota

Si la suma de las medidas del contorno del cuerpo y del ancho de la corona de la manga a la altura del ancho del cuerpo, tomadas sobre la persona (ver pág. 163), es igual a las medidas tomadas en la prenda, quiere decir que el problema está en las proporciones de las medidas del ancho del cuerpo, que se han aplicado mal: el ancho de espalda es excesivo o insuficiente en relación con el ancho de la corona de la manga, o a la inversa.

En la mayoría de los casos es imposible rectificar el defecto.

Modificaciones

El centro del delantero se abre

Una prenda bien construida tiene una caída vertical cuando está puesta sobre la persona, sin necesidad de abrocharla (en el caso de que el delantero se componga de dos partes), y no estorba los movimientos del cuerpo. Resulta agradable a la vista y cómoda de llevar.

Todas estas cualidades se consiguen aplicando correctamente la construcción y, sobre todo, adaptando la prenda a la forma y a las medidas corporales.

Las prendas confeccionadas correctamente a partir de medidas estándar suelen presentar defectos sobre ciertas morfologías que no responden a esas medidas.

Uno de los defectos más frecuentes es que se separen las dos partes del delantero.

Al abrirse la prenda, da la impresión de que se desplaza el pecho: la parte de arriba cuelga hacia delante, tirando desagradablemente del cuello, y la parte de abajo tira hacia atrás (fig. 1). Ese efecto es particularmente molesto en prendas pesadas y largas, como un abrigo de piel.

Ese tipo de defecto se debe a que la línea del hombro no está bien inclinada.

El ángulo del hombro es demasiado pequeño y la línea del hombro se inclina hacia la sisa (fig. 2, en negro).

FIG. 1

168

Al corregir el ángulo del hombro (fig. 2, en verde), se reduce la profundidad del escote. Por lo tanto, hay que desplazar verticalmente toda la forma del escote hacia abajo (fig. 2, en azul).

Una vez modificada la línea del hombro y el escote, hay una manera sencilla de comprobar si se le ha dado la inclinación adecuada.

Montar los dos hombros, espalda y delantero, y si las uniones de los extremos de las líneas de sisa quedan alineadas (sin que se formen picos o discontinuidades), la inclinación del hombro de espalda y de delantero es la correcta (fig. 3, en verde).

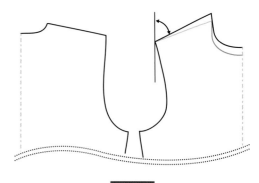

FIG. 2

DELANTERO

ESPALDA

FIG. 3

La prenda se desplaza hacia atrás

Otro defecto, también muy frecuente, es que la prenda se desplace (caiga) hacia atrás.

La parte de arriba de la espalda (escote y hombros) desciende tirando de las dos partes del delantero, en el caso de que haya botonadura en el pecho. Las dos partes del delantero suben y se montan en el centro.

Esa deformación, desagradable y muy visible, se debe a que la construcción no está adaptada a la silueta de la persona.

Son dos los elementos de la estructura de una prenda que pueden causar ese defecto: un escote poco profundo y/o una línea de hombro mal inclinada (fig. 1, en negro).

Esos dos factores, unidos o por separado, no siguen la forma de las curvas de la parte de arriba de la espalda.

Con una espalda construida de ese modo y luego montada con el delantero, el escote de la espalda (sin la profundidad suficiente) se sitúa a ras del cuello y hace que la parte de arriba de la espalda descienda, tirando del delantero y desplazando la línea del hombro.

Basta con dar al escote una profundidad adecuada (fig. 1, en azul) y/o con rectificar la inclinación de la línea del hombro (fig. 1, en violeta).

169

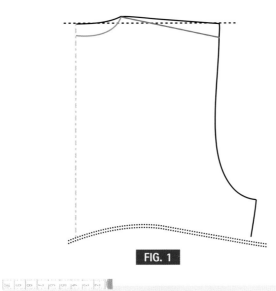

FIG. 1

Conviene saber

Corregir un defecto en la separación de las dos partes del delantero es un trabajo bastante sencillo, pero requiere unos conocimientos básicos de la construcción de las prendas. Una línea de hombro bien hecha necesita una inclinación de 18° en la espalda y de 26° en el delantero. La profundidad del escote correcta es de 1/16 del contorno de cuello.

Defectos en los pantalones

Corregir el corte de construcción de un pantalón no es fácil y, en la mayoría de los casos, resulta imposible.

Hay tres tipos de defectos que aparecen con frecuencia en la estructura de los pantalones y, aunque sea casi imposible ajustar el pantalón a una silueta (la construcción no permite efectuar la corrección adecuada), es preciso conocer las causas de esos defectos.

1. Toda la costura del tiro aprieta demasiado la entrepierna.

2. Los pliegues centrales no caen verticales, sino que se abren hacia el exterior de las piernas.

3. La curva del tiro queda desbocada por delante y forma arrugas.

Como en todas las correcciones que se hacen sobre el corte de los patrones, también este trabajo exige unos conocimientos básicos sobre todo lo relativo a la estructura de las prendas.

La costura del tiro resulta incómoda

Este tipo de defecto suele aparecer en modelos de pantalones que llegan a la cintura.

La cinturilla, que se aplica en la cintura, retiene toda la parte de arriba y la impide desplazarse con los movimientos. La causa de ese defecto puede estar en el largo de la línea de tiro (muy corta) o en la curva del tiro, que es demasiado profunda (fig. 1, en negro).

Es imposible corregir una construcción ya hecha, ni siquiera rectificar uno solo de esos elementos (largo o forma del tiro) (fig. 1, en azul), pero sí se puede aplicar una modificación. En algunos modelos se llega incluso a solucionar ese problema tan molesto e incómodo.

Se trata de transformar un pantalón de talle alto (a la cintura) en un pantalón de talle bajo. Para hacerlo, desplazar la línea del talle unos 10 cm y aplicar la cinturilla a esa altura.

De este modo, la altura del tiro no queda fija a la curva entrante de arriba del hueso de la cadera (es decir, la cintura) y la parte de arriba del pantalón gana en movilidad.

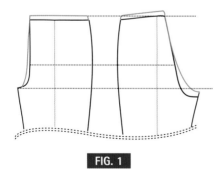

FIG. 1

Los pliegues centrales se separan

Cuando el pliegue central ("raya") de las perneras no cae vertical, sino que se desvía hacia fuera o hacia dentro, se debe a un defecto de construcción provocado por un patrón imperfecto: se han colocado mal los pliegues desde el principio o no se ha respetado el hilo de la tela al cortar las piezas.

Sin embargo, el defecto más frecuente reside en la proporción de los anchos, que se han equilibrado mal en el delantero y en la espalda a la altura de las rodillas (fig. 2). Si no se respetan esas proporciones, se deforman las líneas de los costados y la de la entrepierna.

A veces, aunque se hayan situado correctamente los pliegues del delantero, pueden deformarse después de montados.

En la mayoría de los casos no es posible establecer el emplazamiento correcto de los pliegues centrales porque, para hallar la verdadera causa de la deformación, hay que rectificar el patrón desde el principio, lo que no es fácil si el pantalón ya está cortado y cosido.

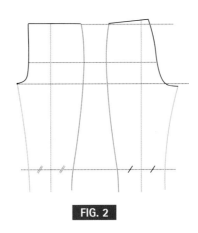

FIG. 2

Se forman arrugas en el tiro del delantero

La costura del tiro del pantalón se desboca formando arrugas: ese defecto no entorpece el movimiento de las piernas, pero no es bonito.

Como la mayoría de los defectos que afectan a los pantalones, este también se debe al patrón de construcción, más exactamente al dibujo de la curva del tiro.

En el delantero está poco pronunciada y en la espalda es demasiado amplia (fig. 3, en negro).

En la mayoría de los modelos de pantalones, corregir ese defecto es posible y resulta un trabajo bastante fácil de realizar.

Hay que decir que esa corrección da mejores resultados si se hace durante una prueba que si se hace con el pantalón extendido.

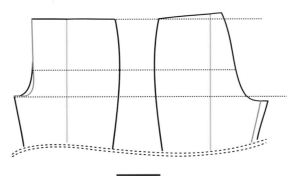

FIG. 3

Índice de contenido

Introducción 5

Generalidades 7

Antes de empezar 8
Evaluar las dificultades 8
Identificar las características del tejido 8
Adaptar el hilo a la labor 9
Elegir el punto 9
Tomar medidas 10
"Limpiar" 10
¿Prender con alfileres o hilvanar? 10
Organizar el trabajo 11

Los tejidos 12
Fibras textiles 12
Etiquetado textil (o etiquetado
de composición) 13
Códigos de comportamiento del tejido 14
Símbolos de mantenimiento 14

Encaje 15
Reparar un encaje 15

Tejidos de punto 16
Estructura del punto 16
Clasificación de los tejidos de punto 17
Coger un punto que se ha soltado 17
Coser punto a punto 18
Rematar los bordes 19
Aplicar una guía de borde 19

Arreglos corrientes 21

Jaretones 22
Puntos de costura de los jaretones 22
  Jaretón sencillo 22
  Dobladillo 22
  Zigzag 23
  Sobrehilado con puntos inclinados (a mano) . . 23
  Puntos cruzados o escapulario (a mano) 23
  Punto escondido (a mano) 23
Fijar un jaretón 24
  Fijar un bajo sencillo 24
  Fijar un dobladillo 26
Reparar el borde de un escote 28
Reparar el jaretón de una prenda forrada 29

Cremalleras 30
Reparar una cremallera que se ha abierto 30
Desbloquear una cremallera atascada 30
Situar las cremalleras 31
Descoser la cremallera antigua 32
  Cremallera situada debajo de la cinturilla 32
  Cremallera debajo de un pliegue 33
  Cremallera cosida a una tapilla de
  botonadura 34
Montar una cremallera nueva 35
  Montaje asimétrico de la cremallera 35
  Montaje simétrico de la cremallera 36
  Cremallera con tapilla interior (bragueta
  de pantalón) 38
Cambiar la cremallera de un vaquero 40

Botones 42
Coser un botón 42
Coser botones con agujeros 43
Coser botones con cuello 44
Reforzar el cosido de un botón 45

Bolsillos 46
Borde distendido 47
Reparar un bolsillo aplicado (de parche) 48
  Bolsillo caído 48
  Determinar la forma del bolsillo 48
  Aplicar entretela termoadhesiva 48
  Aplicar una cremallera 49
  Esquinas rotas 51
Reparar un bolsillo viveado 53
  Borde distendido 53
  Esquinas rotas 55
Cambiar el forro de un bolsillo 57
Reparar el saco de un bolsillo 58

Modificaciones 61

Antes de empezar 62
Arreglos que modifican un modelo 62
Modificar el largo 63

Faldas 64
Acortar una falda 64
  Acortar o rectificar el bajo de la falda 64
  Acortar una falda con corte 66

172

Acortar una falda por arriba 69

Alargar una falda 72

Aplicar un volante cortado al hilo 73

Aplicar un volante cortado en redondo 75

Dibujar el volante 75

Borde del volante formando picos 76

Borde del volante cortado al bies 77

Aplicar un volante cortado "en caracol" 78

Alargar una falda cortada en redondo 79

Alargar la falda en el bajo 79

Alargar la falda por arriba 80

Ensanchar una falda 82

Ensanchar una falda recta en los costados 82

Ensanchar una falda evasé en los costados 85

Ensanchar una falda en el centro del delantero . 86

El delantero 86

La espalda 87

La cinturilla 87

Problemas de adaptación a la morfología 88

La falda respinga por delante 88

Toda la falda se sube .90

Definir el defecto 90

Cambiar el valor de las pinzas 91

Adaptar el forro 92

Forma del forro diferente a la de la falda 92

Forro demasiado ajustado 92

Forro que se sube 92

Forma del forro parecida a la de la falda 93

Aberturas forradas **94**

Hacer una abertura montada 94

Dibujar el forro 94

Montaje del forro 95

Arreglar una abertura 97

La altura de la abertura está deformada 97

El largo de la abertura está deformado 98

Pantalones **100**

Hacer un jaretón 100

Determinar el largo del pantalón 100

Igualar el largo de las dos perneras 101

Bajo recto 102

Bajo al bies 104

Bajo acampanado 106

Bajo estrecho 107

Bajo ajustado 108

Bajo con aberturas 109

Margen de la abertura visible 109

El jaretón cubre el margen de la abertura . . . 110

Acabado impecable del bajo de la abertura . . 110

Adaptar una vuelta 111

Vuelta con pliegue sencillo 111

Vuelta con pliegue doble 112

Vuelta postiza 112

Construcción de la vuelta 112

Vuelta en un bajo acampanado 113

Construcción de los pliegues de la vuelta 113

Vuelta postiza 113

Vuelta en un bajo ajustado 114

Construcción de los pliegues de la vuelta 114

Vuelta postiza 115

Chaquetas **116**

Situar las pinzas 116

Coser una pinza 117

Determinar el largo de las pinzas 118

Delantero 118

Espalda 118

Entallar con pinzas 119

Acortar un bajo redondeado 122

Jaretón postizo 122

Jaretón sencillo 125

Cambiar un cuello 127

Cambiar un cuello camisero 127

Cambiar un cuello Mao 129

Cambiar o arreglar un forro 130

Determinar el ancho y el largo del forro 130

Patrón de un forro nuevo 131

Rectificar un forro demasiado corto 132

Antes de empezar 132

Alargar un forro 133

Modificar unas hombreras 136

Medidas de las hombreras 136

Fabricar unas hombreras 137

Forrar unas hombreras 139

Construir el patrón del forro 139

Montar el forro 140

Fijar las hombreras 141

Modificar la línea del hombro 142

*Determinar el ángulo de la línea
del hombro* 142

Añadir unas hombreras 143

Suprimir unas hombreras 143

Mangas **144**

Modificar el largo de las mangas 144

Fijar el largo con una lorza en el
antebrazo. 145
Fijar el largo con un pliegue en el bajo
de la manga. 145
Acortar una manga en el bajo 146
Acortar una manga por arriba 147
Situar las pinzas de codo 150
Pinza horizontal 150
Pinza vertical. 150
Estrechar las mangas 151
Determinar el ancho deseado 151
Aplicar la pinza. 152
Montar la manga. .152
Modificar la corona de la manga 153
Subir la sisa. 155
Calcular el alcance de la modificación 155
Subir la parte de arriba de la sisa 156
Desplazar la sisa 157

Modificar una manga sastre. 158
Modificar la corona de la manga 158
Modificar la pieza de debajo de la manga 159
Modificar el largo 160
Modificar el ancho 161
Arreglos difíciles o imposibles. 162
La prenda tira en el ancho del cuerpo. 162
Controlar las medidas 162
Modificar el ancho de la espalda. 164
Modificar el ancho de cuerpo en el delantero . .165
Modificar el ancho de la corona de la manga. . .166
El centro del delantero se abre. 168
La prenda se desplaza hacia atrás 169
Defectos en los pantalones. 170
La costura del tiro resulta incómoda. 170
Los pliegues centrales se separan 171
Se forman arrugas en el tiro del delantero 171

OTROS TÍTULOS PUBLICADOS

Costura para la casa
fácil y rápida

50 proyectos con sus técnicas
explicadas paso a paso

GLORIA NICOL   DRAC

Costura con telas
plastificadas
para decorar la casa

Más de 20 proyectos paso a paso con sus patrones
Edina Stratmann   DRAC

Diseño y Moda | DRAC

Costura para
decorar la casa
Las labores de siempre con diseños actuales

Diseño y Moda | DRAC

Hacer
Delicatessen
de tela
con cintas, cuentas,
abalorios, botones...

Christa Rolf

Diseño y Moda | DRAC

Hacer elegantes
Alfileteros de tela

Con aplicaciones, cintas,
cuentas, botones...

Costura
para niños

Catherine Woram

Más de 35 proyectos con fieltro,
botones, cintas y cuentas   DRAC

Bolsos
de tela
con diseños fantásticos

CON PATRONES
A TAMAÑO NATURAL   DRAC

Nuevos
Bolsos
de tela
con diseños fantásticos

CON PATRONES
A TAMAÑO NATURAL   DRAC

175

El libro
de los Bolsos
30 proyectos para confeccionar bolsos con estilo,
realizados paso a paso y con sus patrones   DRAC

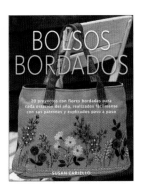

BOLSOS
BORDADOS

20 proyectos con flores bordadas para
cada estación del año, realizados fácilmente
con sus patrones y explicados paso a paso

SUSAN CARIELLO

CREADAS POR TI   Donatella Ciotti

HACER BOLSOS
DE TELA
con cuentas, cintas, botones, perlas, plumas...

DRAC

21 sensacionales
bolsos de
patchwork

Susan Briscoe

DRAC

Labores
decorativas
para la casa
Tone Finnanger   Tilda

Más de 35 proyectos paso a paso con sus patrones

El taller de Tilda
Labores para la casa y
nuevos muñecos de tela
Más de 50 proyectos paso a paso con sus patrones

Tone Finnanger
Autora del best seller Labores decorativas para la casa   DRAC

Labores para la casa
y muñecos de tela
con motivos veraniegos Tilda
Más de 45 proyectos
paso a paso
con sus patrones

Tone Finnanger
Autora del best seller Labores decorativas para la casa   DRAC

Nuevas labores
para decorar la casa
Animales de tela y motivos primaverales Tilda

Más de 25
proyectos
paso a paso
con sus
patrones

Tone Finnanger
Autora del best seller Labores decorativas para la casa   DRAC

Más información sobre estos y otros títulos en nuestra página web:
www.editorialeldrac.com